佐藤健
訪熊本

TAKERU SATOH

るろうにほん 熊本へ

RUROUNIHON
KUMAMOTO

佐藤健，重訪熊本。

那些未曾在旅遊書上見過的好山好水，
其實就遍布日本全國各處。
與未知的美景邂逅，總是令旅人感到欣喜。
這樣微不足道的一個念頭，讓佐藤健下定決心展開此趟旅程。
首先從最基本的問題——「目的地是哪裡？」
他開始了幾番的思考。

在少子化與高齡化影響下，日本的人口數量持續減少中。
至今以來相信著困境之後必有轉機的日本國民，咬牙努力到了今日。
然而，他們的臉上現在似乎帶著對未來的一絲莫名不安。
該著眼的並不僅止於「金錢」或是「經濟」層面，
而是應該具備更多方位的觀點，
來審視目前正緩緩步入下坡的這個國家。

如此一來，也許就有機會在前方望見，
至今未曾注意到的上坡了，不是嗎？

那麼不妨先低下頭俯視自己的立足之地吧。
二〇一六年夏天，佐藤健決心重新造訪與自己有著深厚淵源的熊本縣。
這裡也正是拍攝《神劍闖江湖》系列電影的取景地。
會做出這樣的選擇，一部分也是因為同年四月發生的熊本地震，
讓他有了親自走一趟災區的念頭。

在當地與各色各樣的人交流，
讓佐藤健親身感受到熊本居民試圖跨越震災困境的堅強意志，
進而開始對於沒有答案的未來進行深思。
他並不迷惘，反而躍躍欲試。

希望各位讀者也能帶上本書，走一回熊本縣。
這種未知相遇所帶來的喜悅，僅屬於每一位旅人，
想必能帶給你不同於金錢層面的心靈富裕。
那麼，出發吧！踏上你的流浪之旅。

蜂蜜かけ 250
イチゴ蜜かけ 250
宇治 350
金時 350
ミルク金時 400
宇治ミルク 400
宇治蜂蜜 450
宇治金時 450

NEW YORK
CITY
no chiffon no life

RUROUNIHON KUMAMOTO
CONTENTS

福岡縣
大分縣
小國町
南小國町
產山村
阿蘇市
南關町
和水町
山鹿市
菊池市
玉名市
玉東町
合志市
大津町
南阿蘇村
高森町
北區
菊陽町
熊本市
東區
西區
中央區
西原村
益城町
嘉島町
南區
御船町
山都町
宇土市
甲佐町
宇城市
美里町
氷川町
熊本縣
八代市
宮崎縣
五木村
水上村
山江村
相良村
芦北町
球磨村
湯前町
多良木町
朝霧町
錦町
人吉市
島縣

熊本
KUMAMOTO

第

流浪之旅的起點

透過親自走遍日本，認識各地不同的文化，並以「書」的形式呈現於大眾面前——演員佐藤健抱持著這樣的念頭，替這趟流浪之旅所選定的目的地，正是電影《神劍闖江湖》的取景地之一，與自身有著深厚淵源的熊本縣。說到熊本，首先不能不提平成二十八年（二〇一六年）四月所發生的熊本地震。強震所引起的嚴重災情，至今仍讓許多居民在嚴峻的生活條件下，舉步維艱地重返復興之路。經過此次地震，也讓人重新體認到「書本」這樣的媒體是多麼珍貴的存在。因此佐藤健選擇從熊本市內的某間書店為起點，展開本次的旅程。

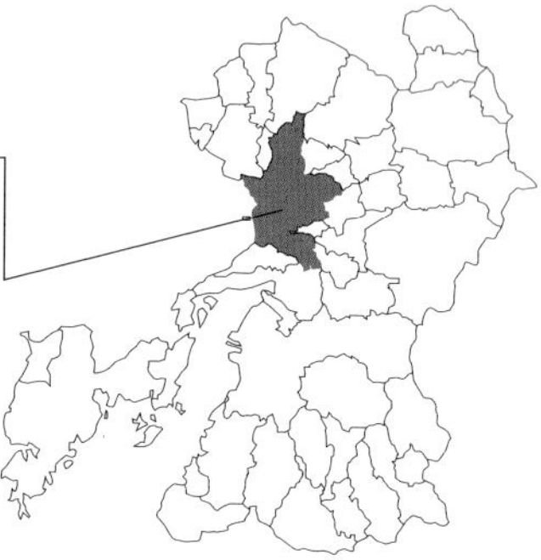

今日不巧碰上雨天，佐藤健首先探訪的位於熊本市中央區新町的長崎次郎書店。創立於明治七年（一八七四年）的這家書店擁有悠久歷史，對於當地居民而言已成為不可或缺的存在。現存的建物落成於大正十三年（一九二四年），設計出自活躍於明治、大正時期的建築師保岡勝也之手，他另外曾參與過三菱丸之內紅磚商務街的設計。被登錄為有形文化財的長崎次郎書店廣受熊本居民愛戴，儼然已是當地一大地標。然而在諸多原因之下，於平成二十五年（二〇一三年）不得不吹熄燈號的這家書店，透過第四代社長長崎健一（38歲）的接手，再度起死回生。他原先在明治二十二年（一八八九年）另行開設了上通分店，經過二戰後所有權與經營權的分離之後，演變成至今的長崎書店股份公司。在熊本縣民殷切地希望能設法保留被當地暱稱為「長崎次郎」的原書店，幾經多次協調之下的結果，一度與本家分道揚鑣的長崎書店繼承了長崎次郎書店的招牌。在平成二十六年（二〇一四年）七月，正迎向書店創業一百四十週年之時，傳來了再一次重新開業的佳音。然而就在二度開張還不滿兩年之時—平成二十八年（二〇一六年）四月，熊本大地震發生了。

がんばろうね
きっと元気になるよ
一歩一歩
前進!!
きょうがダメなら
あしたにしましょ
あしたがダメなら
あさってにしましょ
あさってがダメなら
しあさってにしましょ
ホイ!
♪未来を信ずる歌♪
Look forward
Enjoy every
熊本
Love
がんばろう
熊本♡ ようすけ
ガンバレ
熊本
アイラブユー
熊本

長崎次郎書店

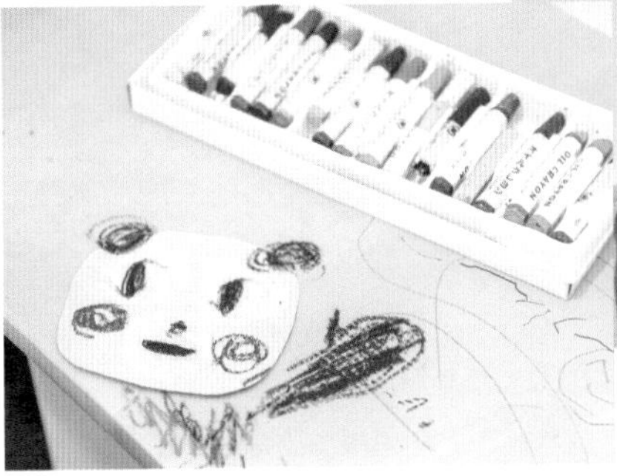

長崎　這個是我們工作人員畫的熊本城。因為地震的緣故，石牆崩塌得很嚴重。

佐藤　的確是呢。

長崎　所以我們用這些紙卡來模擬成石塊的樣子堆成城牆，請大家寫下留言。

佐藤　這是書店的人員所構想的企劃嗎？

長崎　沒錯。在大學專攻美術的年輕人幫忙描繪出熊本城，然後由民眾來填上石牆。

佐藤　原來如此。

長崎　除了書店的一般客人以外，還有居住在熊本這裡的插畫家、東京的繪本作家等人也來幫忙打氣。

——佐藤馬上也開始動筆——

長崎　畫得很可愛耶，發想是來自什麼呢？

佐藤　熊本熊（笑）。

長崎　謝謝你的參與。

佐藤　咦，突然想不起來熊本熊長什麼樣子來著？

佐藤以長崎社長幫忙拿來的熊本熊插畫書為參考，開始對自己的作品進行了一些修改。將完成的紙卡黏貼好之後，他稍微逛起了書店內部環境。從書架上的書籍陳列方式，就能徹底傳達出店員對於書的熱愛與想法。這似乎讓因為工作需要而時常閱讀的佐藤，也深深被這裡的魅力所打動。在地方書籍專區中，佐藤找到了河上彥齋的著作。河上也被認為是他所主演的《神劍闖江湖》主角緋村劍心的參考雛型。根據長崎先生所言，河上彥齋出生地的地標就在距離書店步行不用幾分鐘的地方，於是佐藤決定稍後就親自過去看看。

失われた

不知不覺已來到午餐時間，於是兩人移動腳步，前往長崎次郎書店二樓的咖啡廳。挑選了能眺望路面電車往來於店門口的窗邊座席，佐藤一邊品嘗著溫暖的熱可可與拿坡里義大利麵，一邊繼續訪問長崎社長。

佐藤 請問這間咖啡廳是何時開張的呢？

長崎 兩年前的十月。書店本身的話則是明治七年（一八七四年）創立的。

佐藤 原來如此，那麼二樓這裡以前也是書店區域嗎？

長崎 二樓原本是做為辦公室使用，一樓的部分則一直都是書店。

佐藤 建築外觀也非常氣派呢，是何時落成的？

長崎 目前這棟建物到今年（二〇一六年）已經有九十二年歷史了。

佐藤 真是歷史久遠。

長崎 建築物的設計是出自一位名叫保岡勝也的設計師。你知道東京車站丸之內站舍很漂亮吧？聽說保岡就是受到設計東京車站的辰野金吾所薰陶。像三菱的紅磚商務街也是保岡所設計的。

佐藤 的確能感受到類似的風格呢。

長崎 據說是次郎書店的第二代當家，在某次出差時偶然看見保岡的建築作品，就馬上決定：「想託付這個人來設計店面！」在那個時代似乎是相當少見的建築呢。

佐藤　原來在當時就屬於相當前衛的風格嗎。不過這種有年代的老式建物常會有耐震度不足的疑慮對吧？在翻新的時候，這方面沒有發生過什麼問題嗎？

長崎　當時可危險了。在翻修一樓書店區域的時候，把天花板掀開來一看，上面是有很粗的橫樑支撐，但是已經被白蟻蛀蝕到中空了。如果想省錢的話就裝作沒看見，搞好室內裝潢的部分就行了，但是想到要是一有地震還是會擔心，所以把梁柱全換掉了。

佐藤　真是好險耶。

長崎　沒錯，幸好有及時發現。要是當時沒堅持翻新，真不知道現在會變成怎麼樣。建築師也說梁柱現有數量不足以支撐整棟建築，建議要多打幾根，於是這方面也進行了補強。真的很慶幸當時防範未然。

佐藤　真的。

長崎　我們這一帶相對其他地方來說，保留了較多舊有的町屋（住商一體，左右緊密並臨的日式傳統建築），這次地震就震倒了好幾間。

佐藤　大型購物中心等場所的災情似乎也很嚴重呢。

長崎　的確是這樣。

佐藤　因為迫於在低成本下完工，災情嚴重的區域幾乎是徹底倒塌的樣子。聽說這次幸好是發生在半夜，所以沒有傳出傷亡，要是換作白天時間，想必會造成更嚴重的災情吧。

長崎　畢竟天花板整個塌下來了呢。

佐藤　對呀。長崎先生在地震發生當時，正在做什麼呢？

長崎　十四日的前震發生在晚上九點二十六分，書店在震災前的營業時間是到晚上九點為止，所以當時已經打烊了。店內同仁正在進行關店的作業，而我在附近商店街內的辦

公室開完會，正準備離開去喝一杯時，地震就來了。在場的大家心想這震度不妙，於是就決定各自解散回家了。我是馬上回到書店，結果發現店裡走道整個被書本淹沒，相當錯愕。

佐藤　在那之後就是主震了呢。

長崎　對，十四日發生前震後，就連絡了一輪所有同仁，通知隔天臨時歇業，後天十六日再請能來的人過來店裡幫忙收拾作業。結果才剛跨過十六日午夜，凌晨一點二十五分左右又來了一波更強的地震，讓店裡的災情雪上加霜，最後只好先取消復原作業。真的相當慘烈。

佐藤　主震發生的當時，您人在家裡嗎？

長崎　是，我正在睡覺。本來心想著明天要開始努力進行店裡的復原工作，於是先上床休息了。結果躺著躺著，突然一股強烈的力道把我往上頂。接下來大概持續了好幾十秒，就像在彈跳床一樣上上下下的。水電與瓦斯等民生管線也全部都斷了。

佐藤　也真是辛苦了書店的同仁們呢。

長崎　因為大家都怕家裡倒塌，不是跑去避難收容所就是躲去公園裡，或是睡在車上等等。大概有一半的同仁都不敢待在家，跑去外頭避難了。

佐藤　當時在震後重新開張，顧客們應該都很開心吧。

長崎　是，他們真的是滿心歡喜地前來光顧。原本以為書店與閱讀的存在是理所當然的，在失而復得之後才更懂得珍惜。

佐藤　從地震發生之後，大概過了幾天才恢復營業呢？

長崎　十六日發生主震，然後次郎書店這裡在隔天十七日就大致整頓完畢了。然後十八日重新開張。

佐藤　哇～真佩服。

長崎　上通那邊的長崎書店則是十九日開始營業。

佐藤　復原速度非常快呢。

長崎　由於書架附近比較危險，所以有拉線規劃部分區域禁止通行這樣子。

佐藤　十八號重新開張之後，馬上就有客人上門了嗎？

長崎　頭兩天實在沒什麼客人，反而很多人路過才驚覺原來有營業，然後順道進來逛逛。開店的消息似乎就是這樣慢慢傳開的，於是到了三、四天之後，來客數大約已回升到接近平時的水準了。到了黃金週，來客數也比平常還多了一倍。因為剛結束連假，開始能回學校上課了嘛。在這之前很多人都是過著避難生活的。

佐藤　對於小朋友來說，不能去學校上課應該很無聊吧？

長崎　沒錯，待在收容所避難沒事做，想看書打發時間，所以就會來買整套漫畫或是繪本、學習書等等。大人的話則是長篇小說之類的。

佐藤　原來如此。

長崎　原本一方面也考量到同仁的安全，而且也怕客人挑書時書架倒塌就不好了，所以本來考慮暫時不要硬開店。不過在進行店裡復原工作的同時，整頓到一個階段之後發現也許幾天內就能恢復營業，所以就拉線規劃好區域，讓客人與同仁在安全範圍內進店。

佐藤　說起來，長崎書店總共有兩間對吧。

長崎　是的，明治七年（一八七四年）時創立了這家長崎次郎書店，十五年後在離本店有一段距離的地方開設了分店，名為長崎書店。原本採本店與分店的經營體制，不過在二戰後已改為各自獨立經營。此後便由家族內的親人分別負責管理。

佐藤　所以仍保留著長崎書店的店名。

長崎　沒錯，我是在十五年前回到熊本，擔任長崎書店的第四代當家。平成二十五年（二〇一三）時，長崎次郎書店因為諸多原因進入歇業狀態，後來由我繼承了這部分的事業。所以現在就變成由我統一管理這兩家店鋪。

佐藤　在十五年前回鄉之前，您原本待在哪裡呢？

長崎　我當時在東京念大學。這時代要經營書店不容易，一部分是因為十幾年前縣外的大型書店開始進駐，加上網路書店崛起。包含我們店裡在內，傳統當地書店營業額每況愈下。當時我感受到家業快撐不下去的危機，在十五年前中輟回到熊本，就再也沒離開過家鄉了。

健軍町
ワンマン
B
1353

——從眼前行駛而過的路面電車——

佐藤　路面電車大概多久會經過店門口一次呢？

長崎　大約每十分鐘就有一班通過。

佐藤　班次挺多的耶。

長崎　這邊的彎道特別奇特，所以常常會有電車迷在這轉角處架腳架拍照。

佐藤　感覺也會有客人坐在這裡一整天看風景呢。

長崎　實際上真的有喔。

佐藤　這一帶是類似所謂的舊鬧區是嗎？

長崎　傳說這裡在江戶時代原本是加藤清正建立於熊本城外圍的城內町，當時商人與武士混居於此，是相當繁盛的鬧區。

佐藤　哇～

長崎　在明治以後因為中心區遷移的關係，現在說起來應該算有點沒落了。

佐藤　不過是相當具有風情的一塊地區呢。

長崎　是呀，像附近就有一間大型的柑仔店，賣好多古早味的玩具跟零食。

佐藤　熊本這裡有很多那種鎮上的小書店嗎？

長崎　現在連鎖店的比例越來越高，當地的書店幾乎快滅絕了。

佐藤　永續經營真的是一門很難的學問呢。

長崎　的確呢。在回到熊本前，我是在青山學院大學就讀。放眼一望，對面就是一家青山書店。

佐藤　確實有呢。

長崎　那家主要著重在於時尚與設計類的專門書籍，以前我總是滿懷期待地跑去泡在裡面呢。

佐藤　是喔～是希望在熊本也開設類似的書店嗎？

長崎　沒錯。我當然也是認為書店若是無法貼近在地居民的生活，是無法經營下去的。但是在東京看到很多專門領域的書店，各自做出獨特的差異性，就開始思考是不是能以此為範本，來為店裡進行一次革新呢？

佐藤　實際上的確是。該說選書的眼光獨到嗎？這裡有很多市面上不太常見的書籍呢。

這些新資訊都是書店人員挖掘的嗎？

長崎　我們店裡的同仁真的都是愛書成癡。有人在旅行時發現了熊本這裡沒在賣的書，也會主動帶回來問我：「社長，可以進這個嗎？」我就說：「當然好。」

佐藤　像店裡那個熊本城的加油訊息牆，也是相當棒的點子呢。

長崎　能邀請佐藤先生一起親筆留下訊息，負責的同仁也感到相當榮幸。

佐藤　那也是一種藝術呢。如果能有更多人共襄盛舉，想必能拓展成相當美妙的空間。

KUMAMOTO JO

熊本城

熊本市中央區本丸1-1

☎ 096-352-5900

長崎　您有去熊本城週邊參觀過了嗎？

佐藤　我去過了，那裡的居民們告訴我，當初傳出熊本城倒塌的消息，最吃驚的就是當地人了。

長崎　的確是這樣呢。在地震過後的隔天早上，我打開電視看到了直升機在黎明時進行空拍的影像。親眼目睹土牆、望樓以及石牆崩塌的畫面，實在令我過於震驚，眼淚真的就流了下來。畢竟那是我們從小看到大的景色。

佐藤　對於熊本人而言，看到熊本城變成這樣子真的感觸特別深呢。

長崎　也許是因為熊本城過去在西南戰爭中未曾被攻破，是堅若磐石的象徵，也是我們當地人的驕傲。正因為堅信它不可能倒塌，所以看到地震後的景象才如此深受打擊。

從加藤神社放眼遙望，可看見熊本城的天守閣。熊本城於平成二十八年（二〇一六）四月發生的熊本地震中遭到重創，整體修復成本估計需耗時二十年之久、總計六百億日圓以上的費用。

KATO JINJA

加藤神社

熊本市中央區本丸 2-1　☎ 096-352-7316
授予所：8：00～17：00
（因應儀式活動有調整之可能）

佐藤 不過話說回來，這附近的景色真適合雨天呢。

長崎 對呀，因為這裡是老街，開了不少高級傳統料亭呢。不過其中兩間因為這次地震而決定就此歇業了。自古傳承至今的老店漸漸消失在時代之中，真的很令人感嘆。熊本其他地方沒什麼料亭，所以許多人都為此感到惋惜呢。

四月發生的一場大地震，似乎至今仍為熊本當地留下許多後遺症。長崎健一先生表示，無論選擇就此佇足還是繼續前進，這場震災都成了迫使大家痛下決心的推手。他同時也感受到，去深入了解每個決定背後所蘊含的想法，也是很重要的。

長崎次郎書店 NAGASAKI JIRO SHOTEN

熊本市中央區新町 4-1-19
☎ 096-326-4410
營業時間：10：30 ～ 19：00
公休日：元旦、藤崎宮秋季例行大祭當日。

長崎次郎咖啡廳 NAGASAKI JIRO KISSASHITSU

熊本市中央區新町 4-1-19　2 樓
☎ 096-354-7973
營業時間：11：26 ～ 18：26
公休日：星期三

離開咖啡廳後，佐藤在長崎先生的指引之下，來到了徒步約數分鐘距離的一新小學前，為的就是一睹緋村劍心的雛型——河上彥齋的出生地地標。現場確實立著寫有「河上彥齋誕生地」的木牌。說起來設立這個地標的團體，正是以《神劍闖江湖》改編電影為契機而發起的「河上彥齋新町顯彰會」，於平成二十六年（二〇一四）七月所設立的。以幕末四大人斬之一而聞名的河上彥齋，傳聞中其實具有豐富的和歌素養，也在藩校時習館擔任過講師，擁有文人雅士的另一面。

河上彥齋生誕の地

蜂樂饅頭的鈷藍色海洋

佐藤　這個冰吃起來軟綿綿的。請問是什麼口味呢？煉乳？

店員　基底是煉乳，再加上我們特製的蜂蜜糖漿稀釋調配而成的口味。是以夏天的鈷藍色海洋為發想。

佐藤　外觀看起來是水藍色的刨冰，吃起來卻是牛奶口味，讓人很驚喜呢。口感就像雪花一樣輕柔綿密，真的很美味。

HOURAKU MANJUU

蜂樂饅頭　熊本本店

熊本市中央區上通町 5-4
☎ 096-352-0380
營業時間：10：00 ～ 19：00
（售完為止）
公休日：星期二

第2章

劍心與御廚

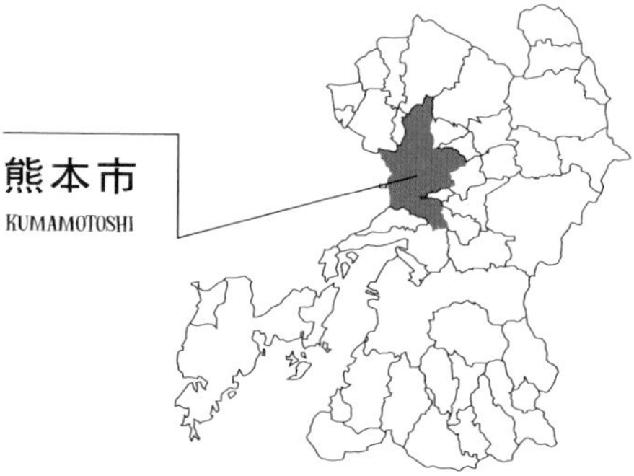

佐藤接下來所前往的探訪地點——林昭三刀具工房，座落在熊本市南區的川尻，也是過去在細川藩時代繁盛一時的「工匠之町」。鑽過了店門口寫著「包準滿意的鋒利度」的門簾之後，可以見到廠內的狹小空間被一片鋼灰色所包圍，並擺放著厚重的機械。店主林昭三先生（88歲）與弟子琉子雅昭先生（30歲）兩人正在其中進行作業。林昭三先生出生於祖傳三代的打鐵舖，是家中四男，也是目前川尻刀具品牌之中最老練的工藝家。在以機械模切方式大量生產的菜刀為主流的現代，林先生仍堅持親手包辦大多數的製程。也因為手工生產的緣故，三天內能製造十把作品已經是極限。然而親手打造的技術造就了超群的耐用度與銳利度，林家的菜刀以「包準滿意的鋒利度」聞名，成為眾所皆知的品牌。川尻刀具的製程是將高品質的鋼材夾入柔軟的鐵材之中，進爐加熱至攝氏一千度高溫，再用手工的方式鍛造而

林昭三
刀具工房

県指定伝工品
林昭三刃
L 357-9782
県指定伝統的工芸品 指定12
嬉しい切味
手作り 林 昭三
各種刃物
在庫あります
伝統的工芸品
産業大賞受賞
植木鋏研ぎ
包丁研ぎ
鍬の柄替え
【此処で出来ます】
(携)090-5477-6122
只今
営業中
です
冷房中

成。佐藤首先親自參觀了製程的現場。

佐藤　這是我第一次參觀這種現場耶，請問這是在進行怎樣的作業呢？

林　我簡單跟您說明一下喔，首先就是在軟鐵原料裡夾入硬度高的鋼材，稍微灑上鍛接劑之後加熱到一千度高溫，然後進行鍛打這樣。這種方式稱為夾入式鍛造。最近大多都是使用石油重油當燃料，而我們家從以前就是利用木炭或焦炭（煤炭乾餾後所製成的燃料），依照古傳的做法來進行。

佐藤　這兩種做法有什麼不一樣呢？

林　如果不使用木炭當燃料，刀身的碳素就會流失掉，成品的品質也會下滑。

佐藤　原來是這樣喔～

林　就像烤鰻魚也是，用木炭跟用瓦斯爐烤出來的風味也大不相同，對吧？

佐藤　的確沒錯呢。請問您一天大概可以打幾把菜刀呢？

林　生產十把大概就要花上整整三天的時間。因為手工耗時，現在大家已經都不幹了。目前市面上幾乎全是量產品對吧？所以大家拿量產品的價格相比之下，就會覺得我們家刀具好貴，買不下去。一台車大家花好幾百萬日圓買都不心疼，一把菜刀要價一萬日圓卻沒人願意買單，即使是能用一輩子的好刀。所以若是沒有愛，這行真的是幹不下去呢。

佐藤　請問您一天的工作時間大約多長呢？

林　大概每天早上九點半上工，到傍晚五點左右。夏天廠內很熱，工時太長體力會撐不住。畢竟我也八十八了。

佐藤　真是硬朗呢……嗯？請問那是什麼？

林　那是稻草。把鑄造中的菜刀埋進用稻草燒成的灰燼裡面，靜置個三、四小時。這樣一來就可以提升刀身的品質。

佐藤　是直接把燒得通紅的刀具丟進去嗎？

林　沒錯。你知道火盆（日式傳統炭火暖爐）吧？火盆就是先放稻草灰進去，再加入木炭加熱對吧？道理一樣，都是利用稻草灰能保溫的特性。把刀具放進稻草灰裡頭，五、六小時後才會慢慢變涼。透過這種漸進式的冷卻，刀刃的韌度會提高。非常神奇地，刀就真的變得不易斷了。

佐藤　哇～所以是為了強化韌度而進行的作業囉？

林　鋼這種材質硬度高，理所當然也就容易斷裂。這樣的冷卻方式就是為了避免斷裂的情況發生。

佐藤　請問在哪才能買到這裡生產的菜刀呢？

林　在熊本工藝會館可以購買。因為生產量不高，所以無法到處在店面鋪貨。日本的菜刀以鋒利聞名，最近就連歐洲那一帶也有訂單過來。如果能大量製造當然好，但這是無法量產的技藝。說老實話，若有五、六個人組成團隊的話就能大幅拉高產量了，但是現

3 4 5 6
10 11 12 13 14
17 18 19 20 21 22
24 31 25 26 27 28

在沒人願意做這行了，後繼無人呢。

佐藤　（看著正在進行作業的琉子先生）這邊不就有一位嗎。

林　也只有他一個人了。

佐藤　即使只有單單一人，這門技藝能傳承下去就很感激了。請問這一帶原本有很多刀具行嗎？

林　以前大概有十間左右，現在剩兩間了。我外甥也在附近開業。

佐藤　這樣啊。請問您（徒弟）為什麼想來拜師學藝呢？

琉子　我的夢想一直都是親手打造刀具，就只是出自這樣的念頭。

佐藤　從小就特別喜歡嗎？

琉子　對呀，男孩子不是就愛玩這些嗎（笑）。

佐藤　喜歡刀呀劍呀這些東西。

林　這就是最終成品。刀身相當光滑喔，你摸摸看。

佐藤　真的耶。

林　不過我們家的菜刀常被客人嫌棄會生鏽呢。其實只要用熱水燙過擦乾就不會鏽了，但大家都習慣使用完就擱著不管，殘留的水分就成為生鏽的原因。所以使用後才需要用熱水燙個三秒鐘。

——林先生將茶壺內的熱水淋在菜刀上——

林　這樣刀身就會導熱，你摸摸看。

佐藤　真的耶，好燙！

林　用高溫來消毒，順便蒸發水分。水分蒸發掉了，鐵也自然不會氧化了。

佐藤　原來是這樣。

林　是保養的訣竅所在。每次用完菜刀，用熱水燙一下就行了。

佐藤　一瞬間就全蒸發掉了呢。

林　水分一下就消失了。這麼簡單的小步驟，卻沒人願意好好實行。你稍等一下。

——林先生將菜刀抵在報紙上，刀刃隨即滑順地將報紙一分為二——

佐藤　噢噢！太鋒利了吧。令我都覺得感動了。

林　這種銳利度可以維持一整年。只要遵從正確使用方法，我們家的菜刀可以用上十五年甚至二十年沒問題。產品太長壽反而害我們糊不了口呢。

佐藤　因為客人就不用買新的了啊。

林　這就是缺點所在，雖然對客人來說是優點。不論是園藝剪還是任何產品，做出品質太好的東西反而賺不了錢，最後大多以關門大吉收場。所以才說堅持製作好東西也難以維生。

佐藤　的確是，真是諷刺呢。

林　所以認為這部分必須深思一下呢。即使遵循傳統做出品質再好的東西也未必有用。你要不要拿拿看？

佐藤　好的。

林　菜刀是有重心的，握住整把刀的正中間然後小幅度地擺動。這樣切東西才保持重心平衡。

佐藤　我在出演連續劇《天皇的御廚》

時，的確也是自然而然就握著正中心呢。

林　鐵製菜刀的鋒利度是相當具有魅力的。能切出一手好菜，做出來的料理自然也更美味。所以只要用過鐵菜刀，就回不去不鏽鋼了。

佐藤　現在很難得能見到鐵製的菜刀了呢，幾乎都是不鏽鋼的。害我忍不住都心動了。

HAYASHI SHOZO HAMONO KOBO

林昭三刀具工房

熊本市南區川尻 1-3-35
☎ 096-357-9782
營業時間：9：30 ～ 16：30
公休日：星期一

明治四十四年（一九一一年），第一間設立於熊本的常設型傳統戲院「電氣館」正式開張營業，在大正三年（一九一四年）經歷搬遷，平成七年（一九九五年）時大樓經過改建，最後在平成十一年（一九九九年）改裝過後，最終演變成了現在的「Ｄｅｎｋｉｋａｎ」。在熊本地震過後，這裡成了市內唯一繼續營運的電影院。聽聞此消息的佐藤健便來到此地，訪問了負責人窪寺洋一先

生（47歲）。

佐藤　請問這間電影院是從何時開始存在的？

窪寺　明治四十四年設立的，也就是西元一九一一年。截至目前（二〇一六年）已經有一百零五年的歷史了。

佐藤　噢噢！

窪寺　起初是租借附近的一間小劇場來開業，大正三年（一九一四年）時遷移到現址，建築物本身已經是第四代了。我也正好是第四代的負責人，也就是每一代都經歷過翻修。

佐藤　您是第四代的負責人，也就是說一直都是家族企業嗎？

窪寺　是的。我的曾祖父原本從事弁士的工作，是一百年前的事情了。

佐藤　弁士是指替無聲電影配音的旁白對嗎？

窪寺　沒錯，也就是所謂的電影解說

員。據說曾祖父他因為工作性質行遍全國，希望能在熊本也設立一家常駐型的電影院，於是便打造了這個戲院。

佐藤　Denkikan（電氣館的羅馬拼音）這個店名也很令人玩味呢。

窪寺　起初是淺草那邊設立了第一家名為電氣館的戲院，後來大家就開始爭相仿傚，整個日本一度有過七十幾家同名的電影院。

佐藤　目前還有其他現存的同名電影院嗎？

窪寺　除了我們家以外，群馬縣高崎那邊也有間高崎電氣館。大概只剩這樣了。

佐藤　我聽說在震災過後，這裡是目前熊本市內唯一持續營業中的電影院。

窪寺　就市內範圍來說，的確是這樣沒錯。

佐藤　貴館的災情還好嗎？

窪寺　地震後出現了很多龜裂呢。所以

Denkikan

熊本市中央區新市街8-2
☎096-352-2121

大廳也經過了一番整修。另外也搭了鷹架把影廳內檢查過一遍，花了不少時間。不過投影機與音響設備都平安無事，這是再好不過了。本來想說要是硬體設備壞掉可就頭痛了。

佐藤　從地震發生到重新開張，大概花了多少時間呢？

窪寺　電影院歇業了三週，然後從二樓的影廳開始恢復營業，大概各花了一星期，所以總共是五週左右。這段期間內市內所有電影院都停止營業了，基於希望讓大家早日回到正常的生活軌道，所以盡早重新開張。

佐藤　對於住在熊本當地的電影愛好者來說，這裡是相當重要的地方呢。

窪寺　的確，畢竟是一路以來伴隨當地人長大的老戲院了。

老舗
園田屋
朝鮮飴
元祖
商標
名産
朝鮮飴元祖
園田屋

COFFEE HOUSE
アロー
珈琲 アロー

KUMAMOTO CITY TRAM COCORO SINCE 2014
KUMAMOTO CITY TRAM
COCORO
KUMAMOTO CITY TRAM
KCT

第3章

肥後赤牛

產山村

UBUYAMAMURA

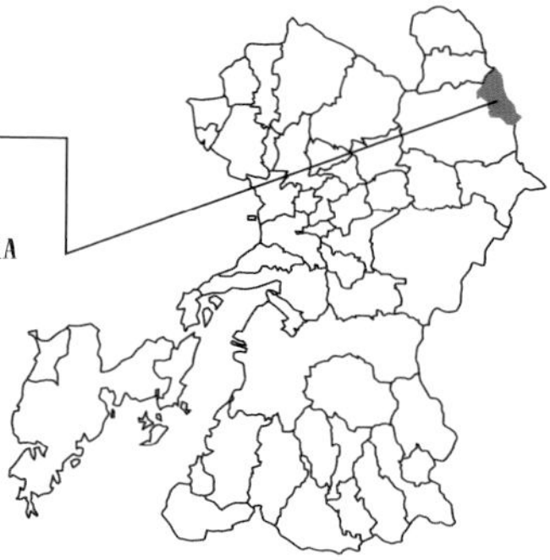

從熊本市出發，歷經約一個半小時的車程，便可抵達位於縣內東北方，座落於熊本與大分兩縣交界處的「產山村」。這裡不但擁有寬廣無垠的原野，同時也是日本環境省所選定的百大名水「池山水源」、與熊本百大名水「山吹水源」的所在地，受到豐富自然資源的眷顧。產山村以野生的糙毛藍刺頭聞名，這是一種目前被環境省列入瀕臨滅絕種的植物，也是能證明日本列島過去曾與大陸陸塊相連的遺存物種。

如此得天獨厚的自然環境，也讓產山村成為了孕育肥後赤牛的搖籃。肥後赤牛含有比例均衡又健康的油脂，鮮美的滋味極具人氣，是現在難以有機會一嘗的珍饈。聽聞這裡有一家農園餐廳設有自家的牧場，專門飼養肥後赤牛，能享用擁有和牛原始風味與香氣的赤牛肉，同時還能品嘗山菜料理。於是佐藤便來到了這間民宿兼農園餐廳「山之鄉」，向負責經營的井姓一家人——井YUI女士（65歲）、井YURI太太（34歲）、以及井俊介先生（35歲）進行了訪問。

民宿・農園餐廳
山之鄉

123

佐藤　肥後的赤牛肉從以前就相當有名嗎？

YUI　是的。說到熊本，首先想到肥後的赤牛。不過現在數量稀少，甚至被稱為夢幻的牛肉了。過去黑毛和牛能賣到比較好的價格，所以大家都改養黑毛牛了。但是真正講究的農家都是養紅毛牛。

佐藤　這家餐廳是您先生開業的對吧？

YUI　嗯嗯沒錯。大概在四十幾年前，我公公集結了兄弟、堂兄弟與家族上下親人，創立了一個民宿村，大約包含了十間民宿。然後民宿裡普遍都是提供地方料理啦、山菜啦，於是我外人就開始思考：「如果在菜單內加上牛排的話不知道怎麼樣？」這是他二十五年前的一個想法。

佐藤　竟然會想到從養牛開始，這樣的發想很令人佩服呢。

YUI　當時完全沒有這種民宿呢，所以我們只能一步步摸索這樣。自己花錢找老師，聘了附近的肉舖老闆來教我們怎麼切肉。起初根本沒有任何概念，只能一股勁地埋頭苦幹。現在回想起來真是快樂的時光。

佐藤　在地震過後，店裡生意怎麼樣呢？

YUI　雖然慢慢有起色，但還是比以往減少了許多。像今天本來是公休日，不過還是會有不知情的客人跑來。地震過後上門的客

阿蘇
あか牛
肉料理取扱店
阿蘇
あか牛
肉料理認定店
認定証

人少了，由於有些遠道而來的客人不方便擇日再來，所以想說還是開門營業好了。

佐藤　這樣子呀……話說回來，您先生當初選擇飼養赤牛的原因是什麼呢？

YUI　因為赤牛個性溫厚，而且也適合放牧的方式。

俊介　一般講到「和牛」，大多人想到的都是「黑毛和牛」。其實和牛還包含了赤牛與另外兩種品種，但因為數量較稀少，所以現在「和牛」幾乎已普遍成為「黑毛和牛」的代稱了。黑毛和牛的肉質柔軟美味，霜降油花成為大眾追求的口感，所以大眾觀感漸漸開始演變成「沒有網狀油花的赤牛肉比較硬，所以不好吃」這樣子。但是在實際飼養牛隻的過程中，我們也對這種風潮開始產生疑問。牛終究是草食性動物，理應吃草維生。如果光是餵牠們吃一些玉米那類的穀物，是能增加肉質中的油脂比例沒錯，但是這種做法真的健康嗎？我們這一帶的務農人，大家通通明白「牛身為草食動物，就應該吃草長大」這種基本道理。好好栽培品質優良的牧草，用高品質的草餵牛長大，這是理所當然。

YUI　從以前就是這樣呢。

佐藤　也就是順從自然法則呢。所以說，正因為位於這樣優秀的自然環境，所以父親才認為應該在這裡發展畜牧，而且選擇了赤牛是嗎。

俊介　黑毛和牛的養殖技術之所以會蓬勃發展，是因為日本國土狹小，無法種植足夠的牧草，所以才會進化成倚賴外國進口的穀物來養牛。但是我們認為對牛隻來說，以牧草作為主食才符合牠們的天性，所以在這裡很堅持草飼的原則。

佐藤　畢竟這裡擁有得天獨厚的自然環境嘛。

俊介　不過這樣也就演變成「有多少牧草養多少牛」。要是叫我們多養個一千頭牛，也

沒那個地方大量種植牧草。

佐藤　原來如此。

俊介　所以說我們或許不適合追求技術面的革新，而該好好發揮這塊地域所具有的特質。

佐藤　也就是跟隨前人的腳步呢。在這片土地上飼養赤牛的其他人家，也擁有相同的理念吧。

俊介　您說得沒錯。

佐藤　對了，聽說俊介先生不是ＹＵＩ女士的兒子，而是女婿對吧？

ＹＵＩ　是的，他是入贅進來的女婿。

佐藤　那俊介先生本來也是從事養牛的相關工作嗎？

俊介　因為討論到如果ＹＵＲＩ嫁來我家之

後，這裡的家業就沒有繼承人了。所以就由我入贅。

佐藤 當初心裡會對未來感到不安嗎？

俊介 嗯~比起不安，反倒覺得這裡不只是單純種稻養牛的農家，還經營了像這樣的店面，能跟客人直接面對面交流，覺得是一份相當有價值的工作。

佐藤 您對於種稻與養牛這些農務本來就感興趣嗎？

俊介 我以前其實是在報社工作的。

佐藤 咦——？

俊介 每天跑印刷廠，過著晚九朝五的日夜顛倒生活。

佐藤 踏入這個完全不同的領域，都沒有擔心過嗎？

俊介 其實這裡有很多從都市返鄉的年輕人。我比較常被大家鼓勵：「正因為你不是出自農校的畢業生，以一張白紙的姿態來到這裡，反而能有更豐富自由的思考模式。」

光是這一段話，就成為我的救贖。

佐藤　是誰這樣告訴你的呢？

俊介　這村子裡的年輕人啦，還有爺爺奶奶們。聽完之後覺得自己似乎可以放開心胸用自己的步調來做事了。

佐藤　順帶想問一下，我聽說爸爸今天出門採買所以不在，請問他是去買什麼？小牛嗎？

YUI　對，叫做素牛，也就是待肥育的牛犢（未經過催肥的小家牛）。

俊介　大約十個月大的小牛。每個月固定在市集進行買賣。

佐藤　素牛原本是被養在哪裡呢？

俊介　阿蘇這邊的農家啦，或是熊本縣內。牛隻市場所販售的小牛是出自專門進行繁殖的農家，讓母牛產子後養到十個月大，就拿去市場賣。負責養肉牛的肥育場就會買素牛回去催肥成肉牛。我們家雖然也是以養肉牛為主業，不過目前也有慢慢在增加母牛的數量。

YUI　自己進行繁殖是一門相當有收穫的學問喔。從牛還是小寶寶的狀態開始親手照顧。

俊介　我來到這裡之後，也已經學著委託獸醫配種生下小牛，親手把牠們養成肉牛。觀察每次的成長過程能發現到：「這次養得比較大隻呢。」或是「這次比較小隻的原因出在哪裡？」然後從中進行多方面的檢討。

佐藤　繁殖的工作是最近才開始的嗎？

俊介　大約六年前開始研究的。

佐藤　是在您來到這裡之後嗎？

YUI　在俊介正式入贅以前，外子就已經在籌畫了。他說「這是研究畜牧最有用的一項功課」，所以先買起來準備。

佐藤　是因為知道俊介先生要入贅，所以才特別準備嗎？

YUI　對對對。因為等他來再買的話就太晚了，所以先進了五、六頭素牛。

佐藤　哇——完全能感受到岳父對於女婿的期待呢。

——此時女兒YURI小姐端著赤牛做成的牛排登場。——

YURI　久等了！牛排剛烤好囉，享用時請小心燙口。只有稍微灑點鹽跟胡椒調味而已，第一口請先直接品嚐原味！

佐藤　好，那麼我開動了！

YURI　這邊的醬汁是以柑桔醋為底，搭配使用在地釀造的醬油調製而成，口味非常清爽。這邊則是熊本天草的海水為原料，日曬製成的天然海鹽。第一口請先直接品嚐，接著再沾取海鹽享用。

佐藤　最後再沾醬是吧。

YURI　是的。另外，隨餐附上的白飯是我們自家栽種的稻米。白飯可以無限續加，有需要請再告訴我一聲喔。

佐藤　謝謝！那麼我開動了……嗯，好吃！這個真的好吃。

YURI　謝謝您的稱讚！不枉費我們辛苦飼育了。

佐藤　拜見了飼養過程之後再實際嘗過，心境真的又有所不同了呢。真的滿懷感恩。

俊介　我們每天都會去剛才經過的牧草田收割，讓牛吃最新鮮的牧草長大，培育出美味的肉質。旁邊搭配的茄子等蔬菜也是孩子們今天早上跟外婆（YUI女士）一起去採收回來的。

佐藤　蔬菜吃起來也相當地美味。

YURI　田地就在家旁邊而已，現在小朋友放暑假，每天都會去幫忙採收。副餐的沙拉雖然不是常態性提供，不過最近收成量比較多，特別招待。這時期正豐收，所以餐點內含的品項也增加了。

佐藤　難不成味噌湯所使用的味噌也是親手釀的？

YUI　是的。這裡的山泉水也特別美味喔，完全不添加氯酸鈣什麼的。畢竟是我們每天要喝的水，所以特別講究。

佐藤　天啊，真的很美味。感謝招待！這一頓吃得真心滿意足～感覺快直接進入夢鄉了。

YURI　實際上也真的有客人就這麼睡了。還以為是吃到一半不見蹤影，結果發現全躺下來休息了（笑）。

佐藤　赤牛果然不同於一般吃到的牛肉耶。該說清爽不膩口嗎？感覺很順地就下肚了，吃再多也不會覺得膩。

ＹＵＩ　女性顧客也常常在餐點一上桌時直喊吃不完，結果不知不覺就見底了。

佐藤　真的是這樣耶。一般來說這種份量吃到最後都會有點膩，但這餐完全沒有這種感覺。感謝各位今日的款待。

YAMANOSATO

山之鄉民宿 · 農園餐廳

阿蘇郡產山村大字田尻 202
☎ 0967-25-2253
營業時間：11：00 ～ 19：00
公休日：星期三

池山水源

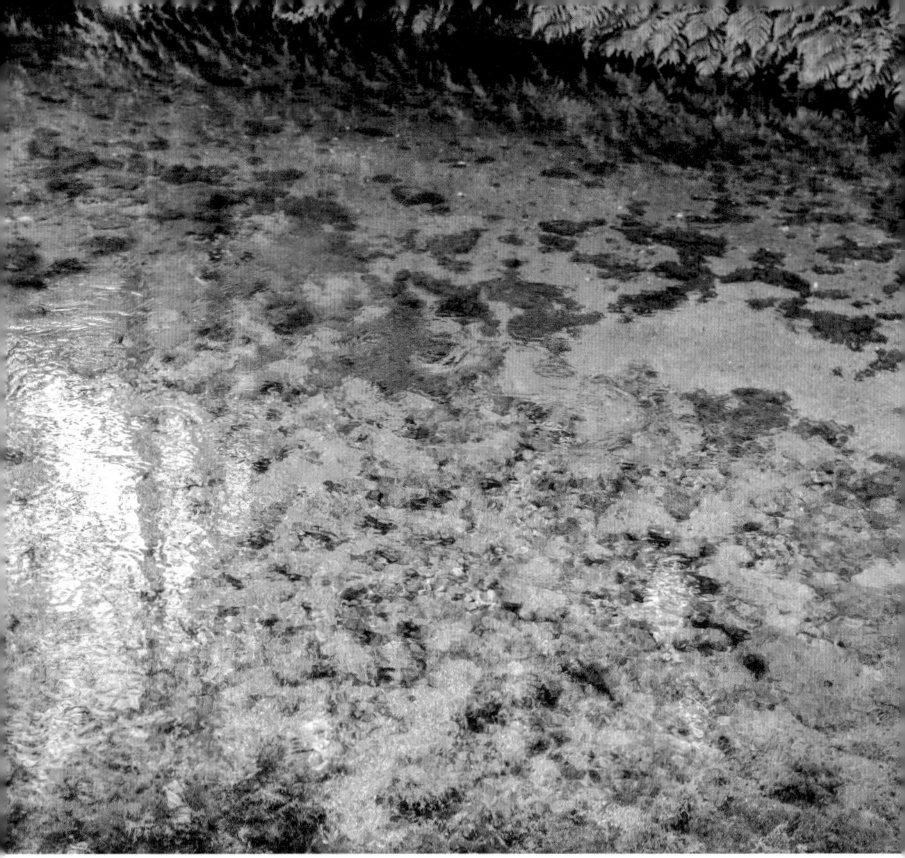

池山水源被日本環境省選定為日本百大名水之一，擁有每分鐘高達約三十噸的湧水量，含有豐富礦物質，自古以來對於當地居民而言就是相當珍貴的飲用水與農業用水。這片在都會區無法體會的靜謐氛圍與優美水色，吸引許多縣外遊客來訪。

IKEYAMA SUIGEN

池山水源

阿蘇郡產山村田尻 14-1
☎ 0967-25-2211（產山村企劃振興課）

西湯浦園地展望台

西湯浦園地展望台

位於阿蘇火山群中的北外輪山，能一睹阿蘇谷、米塚與阿蘇五岳的景色，享受阿蘇所獨有的這片傍礴景觀。

西湯浦園地展望台 NISHIYUNOURA ENCHI TENBOUSHO

阿蘇市西湯浦 1452　☎ 0967-22-3174（阿蘇市觀光課）

第4章

前進阿蘇神社

阿蘇市

ASOSHI

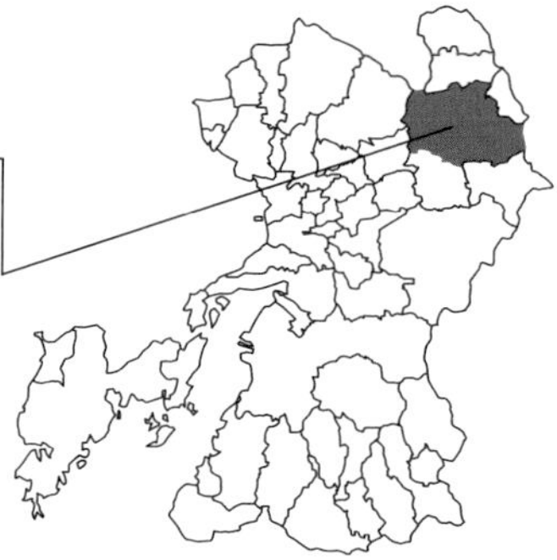

阿蘇神社在熊本居民心中的地位等同於熊本城，都是相當重要的精神支柱。相傳這間祭祀阿蘇開拓神的神社創建於西元前二八二年，擁有將近兩千三百年的悠久歷史。阿蘇神社建築中的最大象徵——樓門（上部建有屋簷的兩層牌樓）在熊本地震中倒塌的衝擊消息，與熊本城的災情一同傳遍了日本全國。聽聞此事的佐藤健有了親訪當地確認狀況的使命感，於是來到了現場。發現所到之處全是天災所留下的傷痕的他，一時陷入失語，仍先前往了代替地震中倒塌的拜殿而臨時搭建的參拜所進行參拜。

在熊本地震發生的四月十四、十六日這兩天剛好在神社值班的權禰宜（神職之一）內村泰彰先生（38歲）為佐藤說明了地震當時的經過。

阿蘇神社

內村　如您所知，神社在四月十四與十六日兩天遭受到強烈地震來襲，很遺憾地出現了這樣的災情。其實在十四日的那一次地震，神社建築還是毫髮無傷的狀態。當天晚上輪到我負責值班，地震發生時只覺得搖晃得很強烈，所幸並未出現任何災情，當時還安心地鬆一口氣：「幸好平安度過了。」結果沒想到十六日會變成這樣。隔天十五日我前往其他傳出災情的神社收集資訊，預計從十六日開始去進行支援。當晚回家睡覺，一驚醒時就發現自己處於劇烈的搖晃中。老實說在地震發生的那一瞬間，那驚人的搖晃程度甚至讓我覺得自己真的會沒命。第一時間我就直覺想到神社會有危險，於是馬上驅車趕來。以正常狀況來說，這座樓門原本高達十八公尺，相當地顯眼，從附近一帶就能望見。當天地震發生的時間帶（十六日凌晨一點半過後）也造成停電，所以外頭完全一片

漆黑。但是一般來說，就算在深夜仍然能隱約看見樓門的輪廓才對，然而當時我什麼也沒看見。神社境內全是倒塌的石圍欄散落在路邊，我一邊避開障礙物一邊繼續往裡面開，用車燈一照之後，才發現一切都全毀了。老實說那片慘狀令我無言以對，久久呆立在原地。直到現在，光是回憶起當時的心情都讓我相當煎熬。當時我嗅到周遭充滿瓦斯味，於是便進行安全確認，並為出來避難的居民們進行疏散。在進行這些救援的同時，餘震仍不時發生。主震當時的震度逼近六級，之後仍然時不時發生強烈的餘震，處於不安的狀態，於是我乖乖躲在車內等待天亮。天色亮起來之後，聽聞樓門倒塌消息的居民聚集而來，所有人目睹景象後全哭了。看見他們的反應，真的讓我不知道該用什麼話語安慰才好。畢竟從沒人想過這間阿蘇神社會變成這樣的慘狀。地震發生至今過了幾

個月，現在相關的消息也漸漸消失在新聞報導中了，也許這件事也慢慢被大家所遺忘。但是樓門與拜殿的部分，至今仍然是倒塌的狀態，遲遲未能著手進行修復。因為在震災後，民眾來參拜的時間也拉得比以往更長了。我想也是因為大家心裡都強烈地希望盡快復興。經過這次地震也讓我重新體認到，對於這片地域的人們而言，阿蘇神社位於多麼重要的位置。另外，不幸中的大幸就是這次地震發生在午夜。所幸十六日當時天還沒亮，神社裡沒有任何人。要是換成下午一點，假日的白天時間恐怕會充滿前來參拜的民眾。這場地震在神社境內未造成任何傷亡，就已經夠值得謝天謝地了。信徒們也說：「是阿蘇神社挺身保護了當地居民，才能平安收場」並且紛紛前來參拜呢。即使大家明明同為受災戶，仍然如此心懷感恩，真的令我相當感激。身為神職人員的我們也有了必須設法完成復興的使命感，正積極投入中。雖然修復作業需要可觀的時間與經費，但是有大家這片心意，讓我覺得我們一定能努力跨越這個難關吧。

一口氣進行完整說明的內村先生，接著提議：「如果方便的話，希望能一邊逛逛神社境內，一邊為各位進行說明。請往這邊。」開始為我們進行導覽。

佐藤　這裡（臨時參拜所）是發生地震之後才臨時搭造的對嗎？

內村　是的。六月中旬就開始著手規劃，實際動工後大約兩星期就落成了。

佐藤　現在的技術真的很發達呢。

內村　我們自己看到神社裡出現新建築物也覺得很新奇。現在這裡成為進行所有祭祀行為的場所，從嬰兒的滿月參拜乃至消災解厄都在這完成。其實在臨時參拜所完工以前，先臨時搭建了帳篷應急。但是若遇到雨天就得讓參拜民眾在漏雨之中前來，對大家也實在相當歉疚。在多方人士的協助之下，總算是完成了這棟完善的建築。

——佐藤緩緩移動腳步，馬上發現到一旁倒塌的建築——

內村　這裡是原本進行祓除的地方。為了追求寬敞的視野，拜殿原本的設計就盡量減少側壁部分。但是側壁一少，建築物就缺乏承受橫向搖晃的耐度。據說這次地震首先是一股強烈的上下搖動，讓柱子下半部埋進了石塊裡，從原本的結構中鬆脫。在這樣的狀態下接著經歷左右的橫向搖動，就讓建築物完全倒塌了。

佐藤　真慶幸當時不是白天時間，沒有人煙。

內村　真的沒錯。倒塌後的狀況如您所見，相當地慘烈。再往前走一點可以從這邊看見建築物那邊有空隙對吧？

佐藤　的確空了一塊呢。

內村　那就是門扉損壞的部分，變得無法開闔。其實這棟祭祀神明的建築物被稱為神殿，也就是對於神社而言相當重要的一棟建物。本神社共有三座神殿，排列位置如「品」字型，從左、右、正中間依序祭祀共十二柱神明。所幸三座神殿全在這次地震中倖存了下來，但是仍然出現像這樣的損壞災情，必須進行修復。

佐藤　本殿乍看之下安然無恙，但是一往下看才發現……

內村　是的。遠比外觀看起來更嚴重。三座神殿都有門扉塌落下來或是無法開闔的情形。我第一眼看到時也以為看起來沒什麼事，心想太好了。實際進行詳細災情勘查後才發現事情沒有這麼簡單。

佐藤　像那邊那棟建築物，也是岌岌可危的狀態對吧？

內村　的確如您所說，不知道哪一天會倒下

來。樓門跟拜殿雖然互相比鄰，但是一邊有公費補助，一邊卻要自費進行修復，處理方式完全不同呢。

佐藤　這是什麼意思？

內村　樓門與神殿是江戶末期就已存在的歷史建築，而拜殿在昭和二十三年時曾經重建。所以被指定為文化財的只有神殿（三棟）、樓門與兩旁的兩門，合計共六棟。拜殿因為是昭和時代建造的，所以不算。要說差別在哪，就是被指定為文化財的建築才能接受政府補助，其他則不被納入。

佐藤　啊——原來是這麼回事。

內村　這次震後復興的一大問題，就在於縣內傳出災情的神社與寺院多半未被指定為文化財。也就是必須自掏腰包進行重建。但是偏偏這裡本身就是災區，大家也都是受災戶，最後仍陷入難以籌措經費的狀況。

佐藤　這樣啊……而且當務之急還是要讓大家的生活步回原本軌道吧，這真是個很棘手的問題。

內村　是呀，這方面真的感到相當困頓。這裡就是樓門的二樓部分。

佐藤　啊～這就是……

內村　樓門原本高達十八公尺，兩層的屋簷設計是其特色所在。眼前您所見到的部分是原本的二樓屋簷，現在塌下來才能令人重新感受到原來它有這麼巨大。不過目睹這種慘象還是覺得一陣心痛。

佐藤　原本有十八公尺高，也就是它原本幾乎跟旁邊的松樹一樣高囉？

祈願者以外
立入禁止
阿蘇神社

內村 那棵松樹大約十多公尺高，樓門應該更高一點。樓門一共有十二腳，也就是依靠十二根柱子支撐整棟建物，結構上來說跟拜殿一樣缺乏側壁來支撐。加上二樓的部分也有一定重量在，實在經不起這次一震。神社自從落成之後從來沒遭受到這麼嚴重的損壞，老實說大家都手足無措，那時才體會到天災總是來得令人措手不及。不過在這樣的難關之中，地方的人士還是在第一時間動身支援，全國各地的熱心人士也馬上運送了救援物資過來。這才讓我第一次體驗到身為受災戶，廣受各地援助的感覺。至今以來身邊從未發生過什麼地震，所以一直都覺得不關自己的事。這一次才領悟到防範未然是有必要的，因為永遠也不知道哪一天會輪到自己。

佐藤 您說得非常對。

內村 尤其關於這棟樓門，本身的存在就是凝聚在地人士所有意念的信仰支柱，在一瞬間化為烏有，真的令人感到非常……

佐藤 就像熊本城的石牆一樣。

內村 的確呢。這種狀況真的令人感到難以言喻的心痛。不過這次地震也並不全然是一件壞事，真要說起來的話，至少大家都還沒有灰心。說到天災，平成十六年（二〇〇四年）時來襲的十八號颱風（桑達颱風）釀成不小的災情，樓門的屋簷還掀了起來，重新鋪了銅板上去。平成十九年（二〇〇七年）完成重建後，到現在還不到十年時間。平成二十四年（二〇一二年）時又遇到九州北部豪雨成災，在那之後還傳出火山的災害。總之就是一波未平一波又起。本來以為地方的居民們應該相當氣餒，不知道今後該如何是好。結果沒想到大家意外地開朗堅強，相信只要咬牙度過難關，總有辦法重新站起來。我們神職人員也因此得到相當大的鼓舞。

佐藤　原來如此，這真的是打了一劑強心針呢。

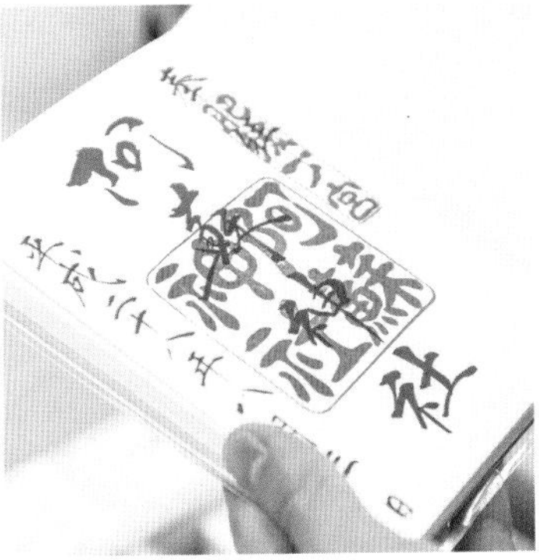

ASO JINJA

阿蘇神社

阿蘇市一之宮町宮地 3083-1
☎ 0967-22-0064（社務所）
社務所：9：00 ～ 17：00

田代屋（たしろや）就開在阿蘇神社南側的鳥居旁，人氣商品為包了滿滿紅、白豆沙餡的圓球型甜饅頭。

上色見
熊野座神社

穿越了位於杉木林中，被將近百座的石燈籠包夾的參拜道路後，便能在前方看見社殿的身影。社殿的後方則有被認為具有合格與必勝祝福意味的「穿戶岩」，以及能與貴人結緣的神木「凪」。

KAMISHIKIMI KUMANO IMASU JINJA

上色見熊野座神社

阿蘇郡高森町上色見 2619
☎ 0967-62-1111（高森町政策推動課）

第5章

夢想的資本 來自一片蛋糕

ちよう
長 陽
CHŌY
たての
熊本地方

南阿蘇村

MINAMIASOMURA

據聞在熊本地震中遭受嚴重打擊的南阿蘇村裡有一間咖啡廳，即使本身同為受災戶，仍為了讓當地居民擁有一個能連絡感情並互相打氣的地方，在地震後一個月內便重新恢復營業。於是佐藤健決定接下來到這裡一探究竟。沒想到這家咖啡廳的店址竟位於昭和二年（一九二七年）所設立的南阿蘇鐵道無人車站——長陽站的站舍之內。久永屋以使用在地食材製成的戚風蛋糕最具人氣，老闆久永操先生（35歲）看起來個性隨興又淡泊，但是言談之中能感受到他內心深處所蘊藏的熱忱，似乎也讓佐藤相當感動。在心曠神怡的晴空之下，佐藤在閑靜舒適的站舍之中緩緩聽老闆道來。

久永屋

佐藤　請問這間店是何時創業的呢？

久永　平成十八年（二〇〇六年），所以是十年前了呢。

佐藤　說起來為什麼一開始會決定在車站裡頭開咖啡廳呢？

久永　在同為南鐵（南阿蘇鐵道）的另一站中松站裡頭，原本有一間週末限定營業的蕎麥麵店，店老闆就是我以前同學的父親，不過現在已經歇業了。在那位老闆的建議之下，我才有了開店的念頭。當初真的沒想到能夠順利借用車站內的空間。

佐藤　原來是這樣子。

久永　創業當時我大概二十五歲，只是個大學剛畢業的毛頭小子，根本還不懂世故。那位老闆告訴我別去跟人家貸款借錢，要靠自己一步一腳印白手起家，於是我就從賣戚風蛋糕開始，做起了小生意。首先把最基本的執業許可證搞定之後，店裡裝潢什麼的全都靠大家的雙手完成，包含灰泥粉刷在內。

佐藤　「大家」指的是？

久永　附近的居民們之類。當時的交流也讓我遇見了許多貴人，跟村裡的大家建立起感情。現在回頭想想，那真的是一段非常珍貴的時光。

佐藤　的確，跟直接委託業者來處理的心境完全不一樣呢。

久永　沒有錯，如果當初選擇那麼做的話，我想我現在不會跟村民們培養出這麼深厚的感情。應該說這段時間也讓我自然而然從他們身上學習到這裡是怎麼做人處事。也因為全都親手包辦的關係，最後算起來大概花了整整兩年有吧。

佐藤　不過您當初選擇賣戚風蛋糕的動機是什麼呢？

久永　家兄在靜岡經營使用天然酵母的麵包店，我以前在大學暑假時會去幫忙，當時第一次學會自己做戚風蛋糕，於是便開始產生了興趣。

佐藤　原來是這樣。那麼來這裡光顧的客群，主要還是熊本市內的居民居多嗎？

久永　基本上是這樣沒錯，不過附近人家也會在務農途中抽空過來，家裡的小朋友們也會過來光顧。總之村裡居民相當溫暖，家裡若有喜事蒸了紅豆飯慶祝也會特地拿過來分享，該說很有日本古早時期的人情味嗎？

佐藤　真羨慕呀。那您也要負責車站內的業務嗎？例如販售車票之類的。

久永　這裡坐車不會有車票，不過最近外國觀光客變多了，所以常需要幫忙指引路線吧。告訴他們要在哪轉車之類的。

佐藤　您原本就是土生土長的當地人嗎？

久永　我是出身自佐賀縣，所以更加深深體會到這裡真是好山好水。佐賀雖然也滿鄉下的，但我老家住在比較偏鬧區的地方，所以沒見過這般景色。

佐藤　那您是何時來到南阿蘇的呢？

久永　平成十七年（二〇〇五年）過來的。

佐藤　當初選擇來到這裡的原因是？

久永　一部分也是因為我父母先移居過來的關係，所以我的老家不知不覺已經從佐賀變成阿蘇了（笑）。我先前在東京荒川區住過一段時間，但是完全無法適應匆忙的都市步調，身體健康也因此出了問題，被父母叫回家休息一陣子，所以來到了這裡。當時真的過得很辛苦，就連朋友們也紛紛替我擔心。原本我從高二就去美國西雅圖跟奧勒岡州留學了九年，在那種充滿自然的環境中長大，突然轉換到東京生活，無法跟上都市人的生活步調。健先生您是出身自哪裡呢？

佐藤　我是埼玉人。

久永　這樣呀。我年輕時也曾經很嚮往上東京打拼，但在實際試過之後才發現自己不適合。

佐藤　原來您也曾經有過東京夢。

絡部
久永屋
no chiffon no life

長陽駅

佐藤　在地震發生時，這附近災情特別嚴重對吧？

久永　簡直一塌胡塗。車站平安倖存下來應該算是奇蹟吧，只有這一帶地盤特別穩固。真的唯獨這一塊地方災情最輕微。往山下的方向很多住家都倒塌了，像味噌店那些沉甸甸的釀造甕也都倒成一片。往山上去的話可以看到排水狀況是正常的，但是到需要民生用水的地方卻斷水了。所以最初大約有兩個月的時間都處於無水可用的狀態，就算通了，流出來的也都是泥水。所以我就參與了運輸水資源的工作，從湧泉的源頭那邊搬運過來。畢竟先不管電力或其他資源，缺水的問題是當務之急。托兒所裡面明明沒水可以用，但是為了讓孩子們有地方避難，還是必須開放。由於廁所也斷水的關係，所以我就去幫忙打水運過去。在當時那樣的緊急時刻，我們店裡也開放為類似避難所的空間提供收容。不過真的多虧村民們守望相助，組成自力救濟的互助體制，煮熱食發放給大家，也能自己找到睡覺的地方。稻米之類的食糧這裡本來就不缺，所以順利度過了這次難關，不需依賴外部的物資援助。

佐藤　在地震過後，鐵路就停駛了對嗎？

久永　是的。

佐藤　目前有確定何時會恢復行駛了嗎？

久永　到中松站為止的路段已經確定了，不過中松站到這一站之間大約還有十處需要修復的地方。因為途中會行經陸橋的關係，陸橋上出現了龜裂，必須經過詳細的安全檢查之後才能讓列車行駛。這部分作業需要花費許多時間。不過大家都很積極地希望讓這段（松中站至長陽站）路線恢復行駛，全村上下齊心協力，集思廣益中。

佐藤　即使需要花上一些時間，也希望能讓鐵路重新復活呢。

久永　是的，這是我們的目標。村民們過往每天早上都固定在清晨六點的列車經過時起

床，開始新的一天。這條鐵路已經成為了大家生活中的一部分了，也是帶來元氣的重要角色，所以大家真的都相當捨不得。所有村民都一致認為鐵路是很重要的存在。

佐藤　原來是這樣。

久永　這片風景再加上原先行駛而過的列車，又更加分了。

佐藤　真想親眼看看。

久永　我為了目睹那幅景象而第一次來到這裡，正好也差不多是現在這季節。隨著奔馳而過的列車，稻穗在風中搖曳的畫面相當動人。直到列車駛入月台的那一秒，才真正體會到眼前僅屬於此時此刻的美。當時我可以說徹底被這片景色所吸引了，心想：「如果能在這樣的景色之中開店，會是多麼幸福的事？」

佐藤　真的耶，一邊欣賞眼前美景一邊享用餐點的感覺非常棒。景色似乎也會隨四季流轉而有所變化呢。

久永　對呀，秋天時色調又不一樣了。到了冬天，農田進入灌水期變成鏡面也相當美。一整年都能享受不同的景緻。

佐藤　這些農田的所有人是？

久永　每一片都由不同的村民栽種。由於這裡不灑農藥，雜草長得到處都是。大家幾乎每天都要除草，妥善照顧之下栽種出來的稻米全是極品，每一種都很美味。

久永　久等了，為您送上我們店裡的刨冰。這是隱藏版口味，請您親自品嘗後猜猜是什麼味道。

佐藤　（觀察了刨冰的顏色）感覺可能是西瓜？（吃下一口後）……嗯？不是西瓜的味道……梅子？紫蘇梅！

久永　答對了！

久永　若方便的話，希望能請您在這把扇子上簽名留念。哎呀，真的太慶幸自己開了這間店了！

佐藤　我才是很榮幸能來到這裡拜訪。不過真的很佩服您一路經營了十年之久呢。

久永　總之就是憑著一股幹勁埋頭猛衝，僅是如此罷了。起初開店時完全沒沒無名，熊本當地人也幾乎不知道這裡有間店。所以我也只能把每天當作最後一天來努力，完全沒有經歷了十年這麼久的感覺。至今為止一路跌跌撞撞失敗了好幾次，不過真的要感謝大家的幫忙才有今天，不嫌棄這個當初沒有任何資本額可言的店。

佐藤　所以菜單上面的戚風蛋糕才取名為資本蛋糕嗎。

久永　這是我唯一擁有的資本。

佐藤　我真得覺得這裡是個很棒的地方，希望下次還有機會再來拜訪。

※真想讓大家也看看這個風景。

連絡部
久永屋
no chiffon no life

HISANAGAYA

久永屋

阿蘇郡南阿蘇村大字河陽 3440-4 長陽車站站舍內
☎ 0967-67-1107
營業時間：11：00 ～ 18：00
公休日：星期一～星期五（六、日、例假日限定營業）

高森
田樂保存會

為了讓消失在即的高森當地的「田樂」飲食文化能繼續流傳後世，現任負責人本田研一的父親創立了這間高森田樂保存會，並且從昭和四〇年（一九六五年）代開始設立店鋪。屋齡高達一百四十多年的店內充滿復古風情，往外頭望去能欣賞連綿的阿蘇群山，還能一邊享用從鎌倉時代流傳至今的高森地區田樂料理。店裡所使用的食材包含竹籤等材料，全數產自高森。

TAKAMORI DENGAKU HOZONKAI

高森田樂保存會

阿蘇郡高森町上色見 2639
☎ 0967-62-0234
營業時間：10：00～18：00
公休日：無

肥後 蓮藕之鄉

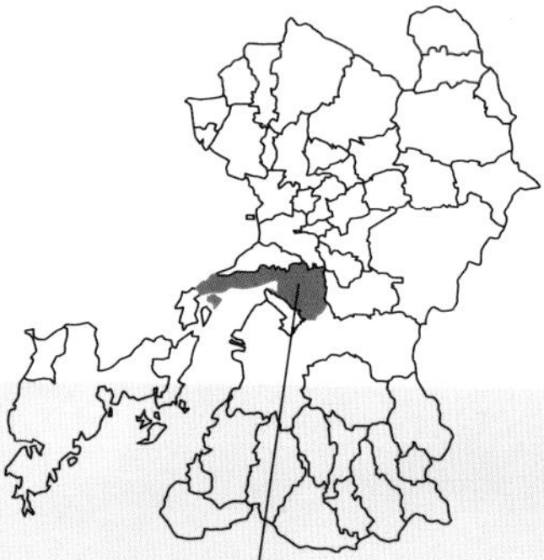

宇城市
UKISHI

　佐藤健所前往的下一個地點，是宇城市松橋町的東松崎地區。這裡在天保十年（一八三九年）經過圍海造田後，運用所取得的圩田之特性來栽種蓮藕，已經傳承了一個世紀。其中以使用農藥減量之有機栽培法的作本弘美先生（76歲）所種植出的蓮藕質

地特別緊實又美味，於是佐藤便前往向本人進行訪問。

佐藤　您好，我是佐藤健。

作本　我叫做作本弘美。很可愛的名字吧（笑）。

佐藤　的確呢（笑）。原來蓮藕是這樣的栽種方式啊，我是第一次見到蓮藕田。

作本　開花的時期又會更美喔。

佐藤　哇——請問這附近大概有幾戶專門種蓮藕的農家呢？

作本　這個村落裡有十三間，栽種面積總共有三十公頃左右。這裡種植蓮藕的歷史已經超過一百年了，明治四十二年（一九〇九年）從岡山倉敷那邊借種過來的。

佐藤　這一代的土質特別適合種蓮藕嗎？

作本　沒錯。這裡大多是排水不易的濕田，特別適合蓮藕生長。

佐藤　請問目前是收成的時期嗎？

作本　現在正剛開始採收。八月起到三月底這段時間是收成期。

佐藤　很長的期間耶。

作本　跟番茄或小黃瓜比起來還好吧，那些甚至還要每天採收咧。蓮藕的話是依照訂單多寡來採收相應數量，其他就先留在土裡儲藏的概念。

佐藤　咦～原來不用一整批採收起來嗎？

作本　對呀。要親自體驗看看採蓮藕嗎？

佐藤　好！

HIGO RENKON NO SATO

肥後蓮藕之鄉

宇城市松橋町東松崎 233
☎ 0964-32-4859

第6章

歸鄉的遊子，扎根的旅人。

合志市

KOSHISHI

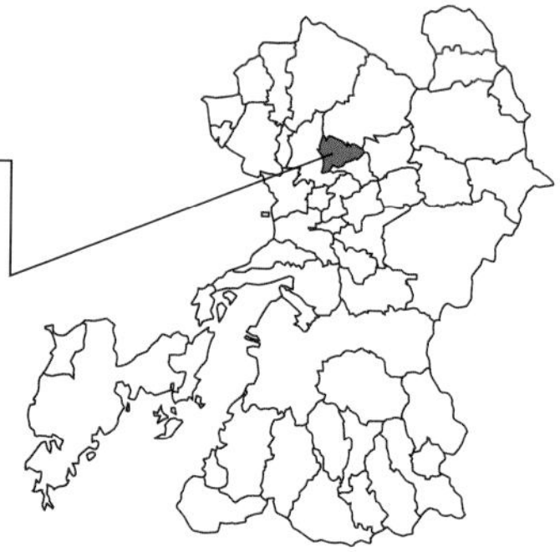

這趟流浪之旅，一路走來這裡也已進入佳境。在熊本縣內各地與形形色色的當地居民相遇的佐藤健，最後要前往拜訪的是兩對夫妻。他們分別是從都市返鄉的遊子，以及從外縣市移居此地的新住民。其中首先要訪問的第一對夫妻是在地人，在合志市開設了義式冰淇淋「SLOW GELATO MADE IN NONOSHIMA」。店內嚴選熊本縣當地食材製成的義式冰淇淋是極具話題性的人氣商品，而且店面位置竟然設立於無障礙福利之家「野野島學園」裡。為何會選擇在這樣的地段開店？為了探求背後的動機，我們向負責人土井章平（34歲）先生與他的妻子愛女士（26歲）進行了訪問。

SLOW
GELATO
MADE IN
NONOSHIMA

佐藤　請問店裡的義式冰淇淋有哪些口味呢？

愛　有鮮奶口味、大豆湯，還有……

佐藤　咦!?您剛才說什麼？

愛　大豆湯。這是九州地區會喝的一種味噌湯。大豆湯口味吃起來不會有味噌味，是以牛奶為基底加上大豆，能充分享受豆子的口感。

佐藤　哇～

愛　至於西瓜與哈密瓜口味，吃起來則像新鮮水果的原始風味。另外還有使用熊本縣產的鮮奶口味、羅勒鮮奶口味，以及使用熟成紅茶所製成的印度香料奶茶口味。

佐藤　原來如此。每一種口味都想嘗嘗看，不過還是先選鮮奶口味好了。

愛　鮮奶跟羅勒這兩種是今天剛做好的，口感特別滑順，都相當推薦。

佐藤　請務必讓我試試。

愛　謝謝您的捧場。

佐藤　那麼我就開動了。看起來就很好吃。……噢噢！真好吃！好濃厚的滋味！

愛　然後這個是大豆湯口味。

佐藤　啊，也很美味。

章平　義式冰淇淋的脂肪含量，只有一般冰淇淋的三分之二唷。

佐藤　原來是這樣。

章平　這本身是義大利當地的傳統冰點，特色在於吃起來相當清爽不膩口。

愛　這邊則是哈密瓜口味。

佐藤　啊！這個好吃！完全就像在吃真的水果。真美味。

章平　這是附近農家所栽種的哈密瓜。熊本這裡種的哈密瓜很出名。店裡所有口味都是用在地的食材所製成的。

愛　這邊則是西瓜口味。

佐藤　嗯！這也是真的西瓜味（笑）。吃起來完全就是新鮮水果，真棒。啊，我可以把

哈密瓜跟鮮奶加在一起吃嗎？

章平　請便請便。

佐藤　好好吃！

章平　西瓜配鮮奶也不錯喔。

愛　這個是羅勒鮮奶口味。

佐藤　羅勒鮮奶，哇噢～突然轉換成義式的口味了。羅勒味相當濃厚（笑）。

愛　這個則是紅茶口味。

佐藤　這也很不錯，很有深度的風味……唔噢！後味慢慢上來了。咦？請問這長得像漢堡皮的東西是什麼？

愛　這叫布里歐修，專門用來夾義式冰淇淋的一種麵包。

佐藤　啊，這也好好吃。真是大飽口福了。不過聽說這是為了身心障礙人士所設立的機構對吧？

章平　是的。這裡（野野島學園）是專屬於智能障礙者的福利機構，主要以自閉症與唐式症等患者為對象，不過在修法之後，各種福利機構必須合併為精神障礙、身體障礙與智能障礙三合一的設施。其中我們這裡不是那種提供生活起居的收容機構，而是請他們從家裡通勤，來這裡工作。也就是屬於「就勞繼續支援B型」的分類。關於薪資的部分，是採取「付出多少勞動，領多少錢」

的模式。如果是一般的雇聘關係，會有最低薪資為基準，但我們這裡不同。我們機構裡是視身心障礙者的個人狀況來安排適合的工作，賺取相對應的酬勞。

佐藤　所以這間店裡的勞工也就是那些身心障礙者囉？

章平　是的。他們現在也在內場工作中。

佐藤　負責製作義式冰淇淋嗎？

章平　對。從水果的清洗到去皮、打成果汁，乃至最後的步驟都由他們來完成。基本上我只負責適時介入一下而已。像是幫忙設定機器定時、操作機械等等，或是在旁監督以避免突發狀況，大概僅止於此。大部分作業幾乎由他們獨立來完成。不過外場就由我跟內人負責這樣。

佐藤　說起來為什麼當初您會選擇賣義式冰淇淋呢？

章平　直說的話，只要身心障礙者能參與勞動，要生產什麼其實都無所謂。只不過我個人感覺，像是餅乾或蛋糕的烘培啦、陶藝品製造或是務農這些工作機會占大多數，現實層面上來說卻賺不了什麼錢。老實說社福機構裡的人員是領死薪水過活的，也不在乎身心障礙者生產的東西賺不賺得了錢。但是我就認為這樣下去還是不行。這就成了我開始思考的契機。

佐藤　原來如此。

章平　就在那時候，日本正好也進行修法，新增了障礙者歧視消除法條（平成二十八年四月施行）。要說身心障礙者會遇到的歧視，絕大多數都是就業機會的不平等。所以這條法規簡單來說，就是規定企業每雇用五十位一般勞工，就必須雇用一名身心障礙者。

佐藤　是所有企業都必須遵守的嗎？

章平 是的。

佐藤 這是相當大的進步呢。

章平 沒有錯。不過對於資方或其他勞工來說，突然丟出一條新法律，一時也讓人無所適從。就算雇用身心障礙者前來就業，也不清楚對方實際的身心狀況。所以需要能參考的範本與配套的指導方案，來了解身心障礙者實際上要怎麼進行勞動。重點就是需要制定一套標準範本，來確保他們能持續就業的機會。過去的做法是透過聘僱身心障礙者，由政府與企業合作來提供他們支援與補助。但是這樣的結構在經過一定期間後，也難以長久維持下去。到頭來要讓身心障礙者有一份長久的工作，還是有困難。

佐藤 這樣就失去意義了呢。

章平 沒有錯。

佐藤 所以反過來想，應該要雇用身心障礙者，並且讓他們的勞動實際產生收益。

SLOW GELATO

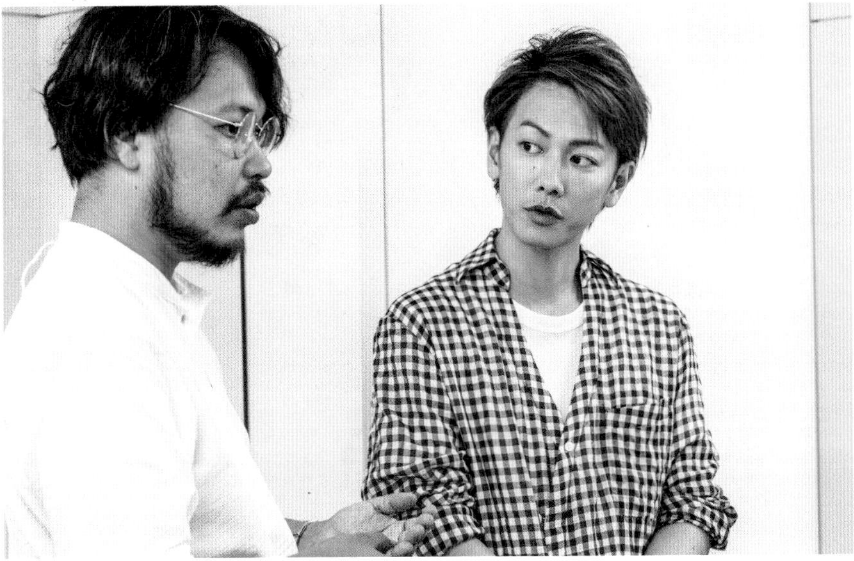

章平　正如您所說。當我如此思考時，就覺得不應該讓他們去烤餅乾或是燒陶什麼的，而想到了「做冰淇淋的話客源絕對很廣」，再加上「熊本當地的食材最近備受矚目」。最後結論就漸漸偏往義式冰淇淋的方向了（笑）。一開始的發想其實就這麼單純。

佐藤　真新奇的思路呢。順便想請問章平先生您是何時開始在這裡開店的呢？

章平　大概是六～七年前了。

佐藤　那麼，在這之前您在哪裡高就呢？

章平　我原本在東京從事時尚顧問的工作。在更早之前則是在舊金山跟倫敦待了十年。在舊金山的大學念心理學系，在倫敦則是專攻時尚領域。

佐藤　哇～我聽說您父親原本就負責經營野島學園對嗎？

章平　是的。我父親已經待了超過四十年。

佐藤　當初促使您決定回鄉工作的動機是什麼呢？

章平　其實我當初沒有半點想回來的念頭。當時正打算在時尚領域開始大展身手，結果因為某件事情成為契機，被父親叫回了老家。所以說老實話，當初返鄉時是相當不情願的。畢竟從事社會福利這塊的收入還是很有限。

佐藤　不過也可以說付出的勞動換回來的不僅僅是金錢方面的報酬呢。

章平　沒錯，也包含了具有社會性的價值在裡面。

佐藤　要換個角度思考，應該相當困難吧。

章平　在心境轉換上真的吃了不少苦。

佐藤　您對於時尚業工作還是有所留戀嗎？

章平　要說完全斷念絕對是騙人的。不過現在也可以以別的方式來體現，比方說運用身心障礙的小朋友們所畫出來的畫作，（把圖案）拿來印製成造型絲襪販售之類，讓他們也有成就感。在東京那邊也成功找到協助販

售的點，覺得相當感激。

佐藤　章平先生您是在回到故鄉之後，才開始對社會福利有所關注嗎？

章平　原先在攻讀心理學時就曾進行過類似主題的研究，在時尚圈也曾與身心障礙者共同合作過。不過嚴格來說是在返鄉後，親身與身心障礙者一同生活之後，才真正地專注在這塊上面。畢竟只有身在現場面對面，才能為他們找出最適合的維生方式。畢竟全天下的父母都一樣，擔心若是自己先走了，留孩子一個人該如何生存下去。這也促使我希望打造一個像這樣的地方，至少讓身心障礙者成為能參與社會運作的齒輪，好讓他們的父母能了無牽掛。

SLOW GELATO
MADE IN NONOSHIMA

合志市野野島 2774-4
☎ 096-242-6811
營業時間：11：00 ～ 16：00
公休日：星期三

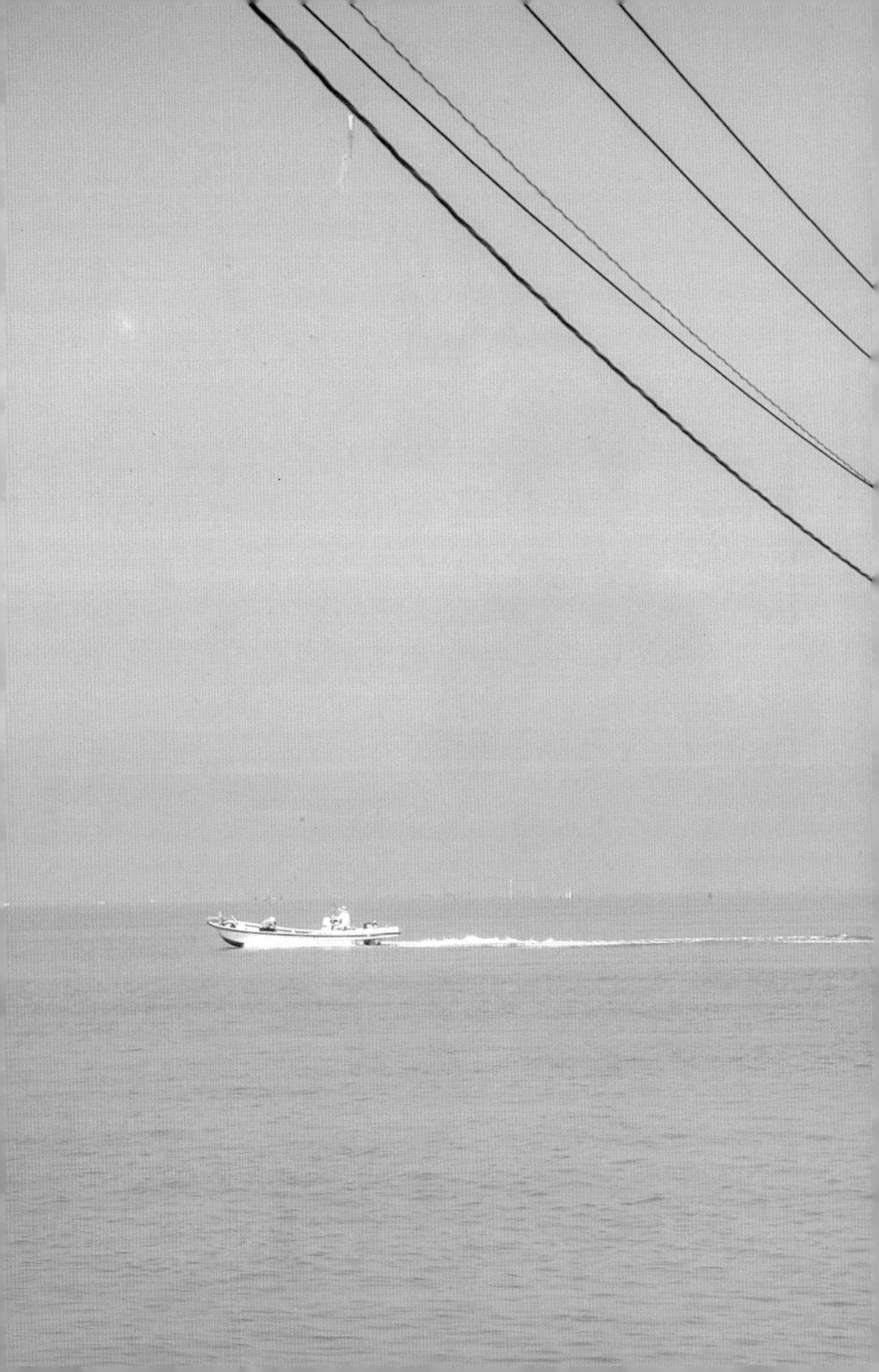

上天草市
KAMIAMAKUSASHI
麻心茶屋

佐藤健的此趟熊本之旅，在馬不停蹄的緊湊腳步下踩遍了縣內各地。旅程來到尾聲，他最後前往的終點是天草群島的大門——大矢野島。佐藤聽聞這裡有一對夫婦跟自己同為埼玉縣出身，移居到此地並開設輕食咖啡廳，於是便親自來到店裡探訪。取名為「麻心茶屋」的這間咖啡廳，時髦的店面令人無法置信這裡的前身竟然是一間魚舖。佐藤一邊享用店內出名的美味甜甜圈，一邊向小澤麻裕先生（36歲）與朋子女士（38歲）這對夫妻進行訪問。

佐藤　甜甜圈相當美味。

朋子　謝謝您的稱讚。

佐藤　您原本就是專攻甜點製作嗎？

朋子　是的，我到法國甜點學校留學過。在東京則是畢業於國立的專門學校。

佐藤　當初為什麼會有移居到熊本的念頭呢？

麻裕　我們本來在埼玉的東大宮那邊開店，當時跟一位來自熊本的客人聊過之後，心裡就一直在考慮要不要搬過來。其實我們一直都在考慮移居，不過九州地區原先並不在我們的選項內，直到親自來了一趟之後才發現很中意。於是就把埼玉的店面收起來，一個月後便搬過來住了。

朋子　自從平成二十三年（二〇一一）的三一一大地震發生後，我們就一直持續進行各地的救援物資發放活動，然後在當年五月中旬來到熊本這裡待了十天。在回程的飛機上我們就下定決心移居過來了。

佐藤　當時就已經看好這個店面了嗎？

朋子　店面是在搬來半年之後決定的。

佐藤　所以當初在飛機上只想著先搬過來住再說囉？

朋子　是的。當時還沒有考慮到在這邊開店。起初我們一心只求為他人奉獻，在經過多方思考之後，才漸漸開始也學會考量自己的幸福。過去一直夢想能在美麗的自然景色中生活，所以便決定順從自己的心願。由於嚮往鄉村生活，讓自己活在大自然的循環之中，所以才選擇了熊本這地方。但在決定移居之後，我們花了半年時間物色住處，都找不到滿意的物件。最後在別人推薦之下，才在山區遇見了心目中最理想的家。然後在那邊待了幾天之後，又突然發覺到：「隱居在這種深山裡，對社會也毫無貢獻啊。」於是又開始討論（笑）。

佐藤　一直在原地打轉呢（笑）。

朋子　當時腦袋裡全塞滿了理想啦、使命感啦。真的住到山上之後，又開始問自己：「真的嚮往這樣的山間生活嗎？」就在我們對於自己所幻想出來的理想生活漸漸幻滅之後，就又決定下山了。對於尋找住處已經身心俱疲的我們，本來打算把這事先擱置一陣子，結果隔天房仲業者馬上打電話來介紹新

物件，就是這間臨海的店面。然後就在我們第一次過來看房子時，心中的大石一瞬間就放下了。當時心想：「啊，我們要找的就是這裡。果然還是開店適合我們。」（笑）

佐藤　這間物件原本是怎麼樣的感覺呢？

朋子　這裡原本是魚舖，所以擺放了大型冰櫃還有一些養殖槽，看起來擱置了好幾年沒人用。

佐藤　從當時的環境，就馬上構想出未來店面的藍圖了？

朋子　原本搬來這裡並沒有考慮開店做生意，一心只想助人，所以沒去想那方面的事。不過當這個念頭再度萌芽之後，又漸漸回心轉意，心想：「既然要做，那就選自己喜歡的工作吧。」於是腦海中開始有了願景，希望能在風景優美的地方做甜點之類的。

佐藤　麻裕先生也是本來就從事料理相關工作嗎？

麻裕　我們是從行動餐車開始創業的，然後慢慢地越學越多。來到天草這裡之後，也開始研究起咖啡豆的烘培。

佐藤　彼此正好發展不同的專長呢。

朋子　對呀，自然之間形成了互補。

麻心茶屋的店面外觀，仍保留著過去的魚舖招牌。

MACOCOROCHAYA

麻心茶屋

上天草市大矢野町上 6586-3
☎ 0964-27-5657

※ 由於目前正進行翻新作業，店面暫時歇業中。
預定於二〇一七年夏天恢復營業，詳情請留意官網公告。
（本資訊時間點：二〇一七年四月）
http://macocorochaya.life

聽完以上兩對夫婦選擇定居於此的理由，佐藤健從他們的話語中感受到在熊本落地生根的堅定決心。這也讓他重新回顧了自己的這趟旅行，並開始思考身為旅人的使命是什麼。在熊本所遇見的人們所展現出的堅強，賦與了佐藤健一股勇氣，讓他起身面對仍沒有答案的未來，並且開始有了有朝一日再次踏上異地流浪的念頭。

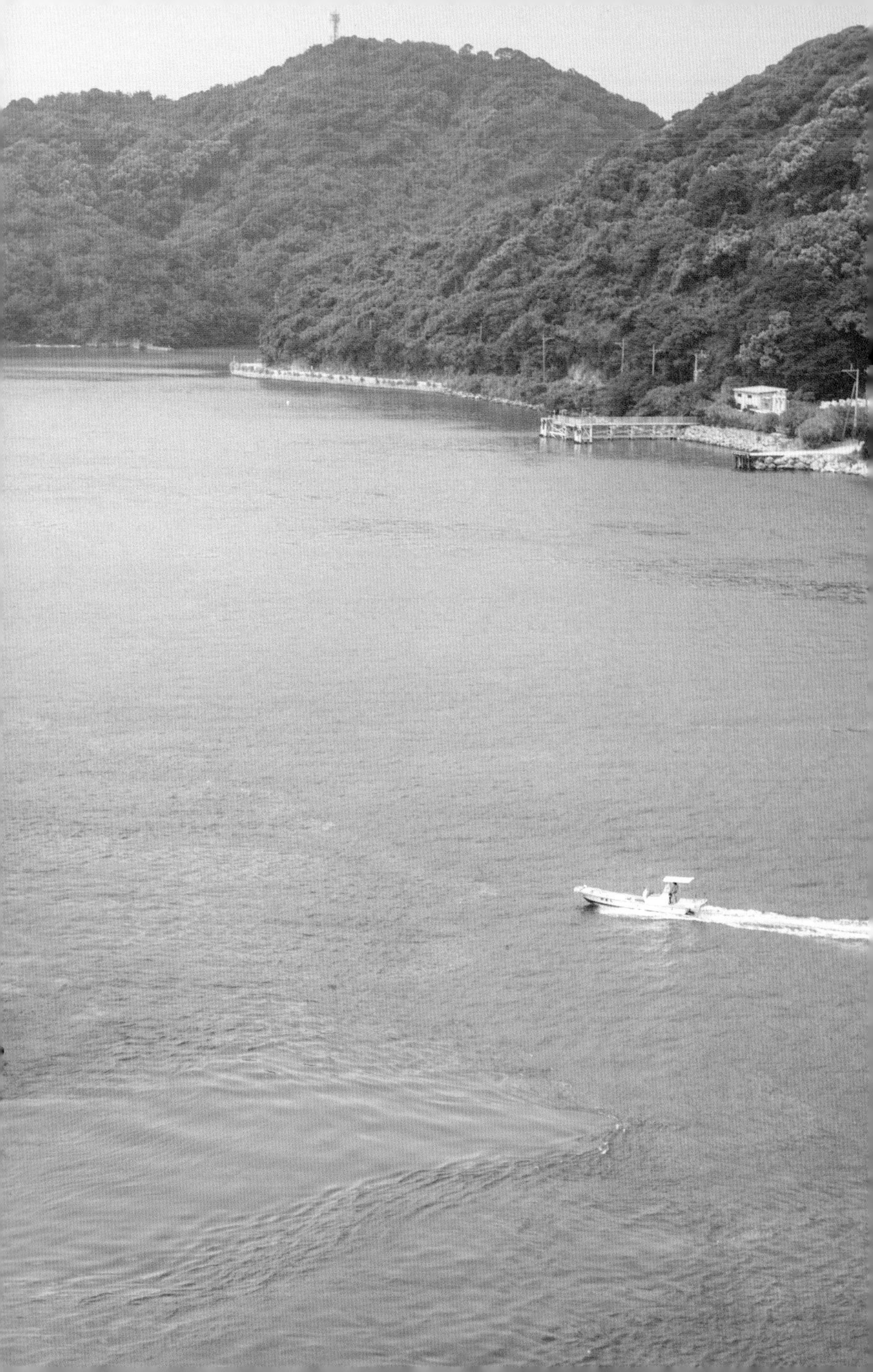

40

A-TRAIN
A列車で行こう
ワンマン

KUMAMOTO JOURNAL

前往熊本的交通方式

ACCESS TO KUMAMOTO

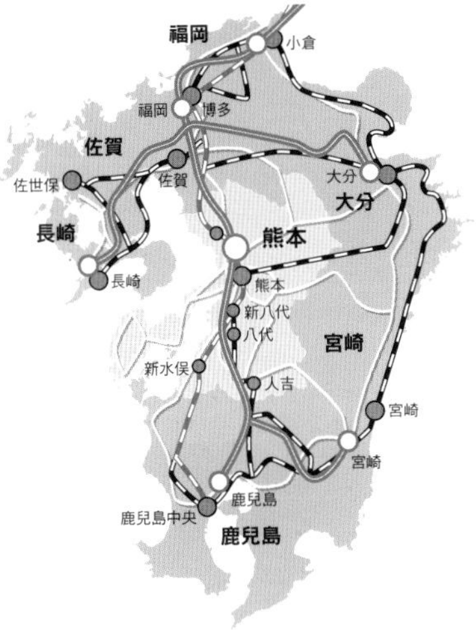

飛機 AIRPLANE

東京出發	羽田機場～阿蘇熊本機場	約 1 小時 50 分
名古屋出發	小牧機場～阿蘇熊本機場	約 1 小時 20 分
	中部國際機場～阿蘇熊本機場	約 1 小時 15 分
大阪出發	伊丹機場～阿蘇熊本機場	約 1 小時 5 分
沖繩出發	那霸機場～阿蘇熊本機場	約 1 小時 25 分

新幹線 SHINKANSEN

東京出發	東京站～熊本站	最快約 5 小時 40 分
名古屋出發	名古屋站～熊本站	最快約 4 小時
大阪出發	新大阪站～熊本站	最快約 3 小時
廣島出發	廣島站～熊本站	最快約 1 小時 40 分
福岡出發	博多站～熊本站	最快約 35 分

高速巴士 HIGHWAY BUS

名古屋出發	名鐵巴士總站～熊本車站前（不知火號）約 11 小時 30 分
大阪出發	大阪車站前～熊本車站前（SUNRISE 號、ASO ☆ KUMA 號）約 10 小時
福岡出發	博多巴士總站～熊本車站前（HINOKUNI 號）約 2 小時

開車 CAR

大阪出發	約8時間30分	福岡出發	約1小時15分
廣島出發	約4小時20分	鹿兒島出發	約2小時

熊本在地美味

除了佐藤親自品嘗過的肥後赤牛肉，
熊本還有其他數不盡的珍饈，
來到這裡絕對不能錯過。

芥末蓮藕

將蓮藕水煮過後，在孔洞內填滿黃芥末味噌，裹上麵糊後油炸而成的這道料理，是熊本最具代表性的美食。芥末蓮藕相傳起源於四百年前，是領主才能享用的養生料理。爽脆的口感加上貫鼻的嗆辣香氣，讓人嘗一口便無法自拔。

即席蒸糰子

以切成圓片的地瓜加上紅豆沙為內餡，用麵粉製成的麵皮裹起來蒸熟，便成為當地的一種家常甜點。因為簡單快速就能上桌，所以稱為即席。恰到好處的甜度帶著淡淡的鹹，這款樸實滋味是在地人最熟悉的味道。

氽燙一文字結

「一文字」指的是熊本當地產的分蔥（根部呈現圓潤狀的蔥品種）。快速燙過之後將蔥綠的部份緊繞在蔥白上綁成結，故命名為一文字結。這是隨手就能輕鬆完成的當地家常小菜，一般沾取醋味噌或是芥末味噌來享用。

高菜拌飯

將當地特產「阿蘇高菜漬」炒過之後，與蛋絲、白飯一同拌勻，加上芝麻、鹽與醬油等調味料所製成的拌飯。特殊的做法有別於高菜炒飯或抓飯，是阿蘇當地常見的料理。

熊本拉麵

豚骨基底的湯頭加上嚼勁十足的中寬麵條，再淋上蒜片與黑麻油等佐料，是熊本系拉麵的最大特色。熊本拉麵起源自久留米拉麵，後來形成了獨樹一格的派系，以減低濃厚氣味的溫醇口味為主流。

天草大王

日本國內體型最大的土雞品種，目前僅飼養於熊本地區。在昭和初期一度瀕臨滅絕，經過長達十年的研究，終於重新復活。天草大王的魅力在於肉量不但比一般品種豐美，肉質也特別有彈性，風味相當濃厚。

熊本西瓜

熊本縣的西瓜產量稱霸全日本，果肉不但色澤誘人、吃起來更是多汁又甘甜。爽脆的口感與入口之後濃厚的餘韻，是令人無法抗拒的美味。雖然一般印象認為西瓜是夏產的水果，不過熊本西瓜的出貨高峰期是在五月上旬。

太平燕

起源於中國的一種傳統料裡，雛型是在冬粉湯內加上白菜、紅蘿蔔、豬肉、花枝與蝦子等配料。在明治時代時傳入熊本，口味經過變化之後開始普及，成為了熊本縣民的靈魂美食。

麵疙瘩湯

熊本的麵疙瘩是指以麵糰捏成的扁平狀糰子，加上紅或白蘿蔔等食材一起煮成湯。這道料理的調味方式因地域而不同，在各家庭中衍生出千變萬化的口味，也是熊本人在冬天時必吃的家常菜。

生馬肉

熊本縣的馬肉生產量與食用量都是日本第一，縣內也到處可見馬肉專賣店，已成為極具代表性的在地美食。通常搭配薑泥、蒜泥與蔥末等佐料，沾口味偏甜的醬油來享用。

熊本民俗藝品

眾多造型獨特又可愛的傳統玩具
以及色彩繽紛又精緻的民俗藝品，
都是伴手禮的最佳選擇。

彥一陀螺

以八代地區流傳的「彥一機智故事」中的角色狸貓為雛型，所製作而成的傳統玩具。斗笠、頭部、身體與底座都可拆解開來做為陀螺來使用。最近推出的熊本熊版本也相當受到歡迎。

花手箱

人吉與球磨地區所流傳的民俗藝品。相傳平安時代平家滅亡後的後裔懷念過往的繁華，於是製作出精美的禮盒，讓女子當作珠寶盒來使用。木盒以扁柏木或杉木製成，漆上白底之後再描繪出鮮豔的山茶花圖樣。

雉子馬

以模擬雉鳥的木頭車身加上車輪所製成，在九州地區是極具代表性的民俗玩具。傳入人吉與球磨地區的版本，則變化為粗曠的外型，並用植物染料繪製出鮮豔的花樣。雉子馬在以前原本是大型尺寸的玩具，讓男孩用手拉或是騎乘遊玩。

來民扇

山鹿市來民地區是眾所皆知的日本三大扇子產地之一。從江戶時代傳承至今的傳統製法，是以苦竹製作的扇骨貼上和紙並塗上柿漆，以打造出兼具輕便與耐用的來民扇。來民扇搧起風來輕鬆不費力，耐用度被譽為百年不壞。

阿金女人偶

江戶時代流傳於八代市日奈久的傳說。一位母親為了追思生前從事湯女工作（澡堂女服務員）而紅顏早逝的女兒阿金，所製作出的人偶。後來成為女童玩扮家家酒的遊戲道具，也是溫泉鄉的知名土產之一。此人偶造型被認為是木芥子（圓頭圓身的木製小玩偶）的前身。

肥後手毬

以絲瓜製成的球芯搭配法國繡線編織出美麗的圖樣，是肥後地區的女性代代相傳的技藝。肥後手毬相傳發源於江戶時代，手毬民謠《你們打從何方來》據說也是源自熊本地區。

藺草蓆

八代地區的藺草產量為日本第一，從明治時代起就盛行藺草蓆的編織。除了草蓆以外，最近也開始運用染色過的藺草編織出色彩繽紛的餐墊與杯墊等產品，發揮出全新的創意。

妖怪金太

頭部設有竹製彈簧的機關人偶，拉住繩子之後眼珠就會翻轉，並且做出吐舌的鬼臉。表情一共有三種模式，相傳是以效命於加藤清正，古靈精怪而特別受歡迎的走卒為設計的雛型。

熊本湧泉美景

熊本縣的湧泉數量高達上千處，
可謂水資源的寶地。
以下精選五大湧泉介紹給各位。

白川水源

阿蘇郡南阿蘇村大字白川 2040
☎ 0967-67-1112（南阿蘇村企劃觀光課）
開放時間：8：00 ～ 17：00
（依季節有所變動）
費用：高中生以上收費 100 日圓作為協助環境保護用途

白川水源位於白川吉見神社境內，是南阿蘇地區湧泉的代名詞，自古以來祭祀著水神。每分鐘高達六十噸的湧水量帶起地底的泥沙一同湧現，形成水量豐沛的河川。這裡可供遊客自由汲水攜回。

山吹水源

阿蘇郡產山村田尻
☎ 0967-25-2211（產山村企劃振興課）

被包圍在幽靜又蒼鬱的原生林之中，山吹水源瀰漫著一股神祕的氛圍。每分鐘湧水量高達三十噸，水質清澈得可以看見櫻鱒的身影優游其中，是深藏於產山村內的隱密水景。

金峰山湧水群

熊本市西區（河內町、松尾町、島崎與花園等地）
玉名市（天水町）
☎ 096-328-2436（熊本市水源保護課）

位於熊本金峰山群一帶的湧水群，共有二十多處，做為淨手水（如圖）或長命水使用。其中包含宮本武藏、加藤清正與夏目漱石等人留下足跡的因緣之地，充滿歷史與文化氣息，也是此處的魅力所在。這裡的湧水群也是提供當地民生與農業用水的生活支柱。

轟水源

宇土市宮庄町
☎ 0964-22-1111（宇土市經濟部工商觀光課）

宇土藩初代藩主細川行孝為解決民生用水問題，從轟水原開闢了４．８公里長的供水道。這也是日本目前仍使用中的最古老供水系統。轟水源的水質宜飲用，據說特別適合泡茶。

水前寺江津湖湧水群

熊本市中央區水前寺公園與健軍本町等地
☎ 096-328-2436（熊本市水資源保護課）

此湧水群雖然位於市區內，每日湧水量約高達四十萬噸，也形成了江津湖這個灌溉湖泊，成為市民休憩的場所。江津湖周邊另有熊本市內最大的水源地——健軍水源地，以及景色風光明媚的水前寺成趣園（如圖）。

加藤神社

慶長 12 年（1607 年），加藤清正投入當時最先進的技術與勞力打造熊本城，坐鎮其中的神社正是加藤神社，奉加藤清正為主祭神。每逢七月的第四個星期日固定舉行「清正公祭」，可以一睹氣派的神轎隊伍。

熊本市中央區本丸 2-1
☎ 096-352-7316
授予所：8：00～17：00
（因應儀式活動有調整之可能）

林昭三刀具工房

創立於昭和 22 年的打鐵舖，生產的川尻刀具被列為熊本傳統工藝品，店主林昭三先生為川尻刀具中最資深的工藝家。在距離工廠不遠的「熊本工藝會館」就可以買到他所鑄造的菜刀。館內另外也有川尻木桶、肥後象嵌等工藝品之展示與販售。

熊本工藝會館
熊本市南區川尻 1-3-58
☎ 096-358-5711
營業時間：9：00～17：00
公休日：星期一（遇例假日則於次日公休）、
12 月 28 日～1 月 4 日

Denkikan

位於熊本市鐵「辛島町站」一旁的 SUN　ROAD 新市街商店街內，這間電影院的歷史竟可追溯至明治 44 年熊本第一家常設型傳統戲院「電氣館」。平成 15 年首次獲頒「日本電影評論家特別賞」。館內共有三間影廳，主要上映獨立電影作品。

熊本市中央區新市街 8-2
☎ 096-352-2121

產山村

山之鄉民宿・農園餐廳

家庭經營的農園餐廳，充滿了居家般的舒適氣氛。在這裡可以享用到自家牧場以嚴選牧草餵養長大的赤牛所製成的牛排與燒肉料理，以及充滿野味的山菜料理。

阿蘇郡產山村大字田尻 202
☎ 0967-25-2253
營業時間：11：00～19：00
公休日：星期三

佐藤健
在本書中的
所到之處

在此將所有推薦的景點相關資訊一併統整列出，各位讀者不妨以此為參考，實際走一趟瞧瞧。

熊本市

長崎次郎書店

位於熊本市電「新町站」斜對面的老字號書店，創立於明治 7 年。現存建築出自參與眾多住宅建築設計的保岡勝也之手，於大正 13 年完成翻修，成為當地的一大路標。書店裡也一併設有藝廊，時常舉辦各種活動。

熊本市中央區新町 4-1-19
☎ 096-326-4410
營業時間：10：30～19：00
公休日：元旦、藤崎宮秋季例行大祭當日。

長崎次郎咖啡廳

利用長崎次郎書店的二樓進行改裝而成的咖啡廳，於平成 26 年 10 月開始營業。店內裝潢充滿大正時代風情，圓拱型的玻璃窗外可欣賞路面電車穿梭的風景，相當詩情畫意。

熊本市中央區新町 4-1-19　2 樓
☎ 096-354-7973
營業時間：11：26～18：26
公休日：星期三

蜂樂饅頭　熊本本店

昭和 28 年創立於熊本縣水俣市，目前在福岡等九州地區一帶設有分店。本店則坐落於熊本市的鬧區上通商店街內，交通十分方便，是當地人熟悉的靈魂美食。店內名產除了包有紅、白豆沙餡的蜂樂饅頭以外，夏季限定販售的刨冰也相當受歡迎。

熊本市中央區上通町 5-4
☎ 096-352-0380
營業時間：10：00～19：00（售完為止）
公休日：星期二

宇城市

肥後蓮藕之鄉

在天保 10 年（1839 年）圍海造田之後，這裡種植蓮藕的歷史已經超過一世紀。另外也同時進行蓮藕粉或蓮藕乾等加工品的製造。當地目前未設有農產直銷中心。

宇城市松橋町東松崎 233
☎ 0964-32-4859

合志市

SLOW GELATO MADE IN NONOSHIMA

位於社福機構「野野島學園」內的義式冰淇淋店。使用當地食材製成的義式冰淇淋有許多別處嘗不到的特別口味。

合志市野野島 2774-4
☎ 096-242-6811
營業時間：11：00 ～ 16：00　**公休日**：星期三

上天草市

麻心茶屋

位於天草群島中的大矢野島，利用魚鋪改裝而成的輕食咖啡廳。除了午餐系列相當受歡迎以外，店內也有提供自家烘培的特製咖啡茶，以及手工自製的果醬與穀麥點心等。

上天草市大矢野町上 6586-3
☎ 0964-27-5657
※ 由於目前正進行翻新作業，店面暫時歇業中。預定於平成二十九年夏天恢復營業，詳情請留意官網公告。（本資訊時間點：平成二十九年四月）
http://macocorochaya.life

池山水源

清澈又豐沛的水源吸引眾多觀光客造訪，為產山村的人氣景點。附近也設有民宿與溫泉旅館等設施。

阿蘇郡產山村田尻 14-1
☎ 0967-25-2211（產山村企劃振興課）

阿蘇市

阿蘇神社

保有約兩千三百年歷史的古老神社，是肥後一之宮地區的信仰中心。建造於江戶末期的樓門被列為國內重要文化財，在熊本地震中倒塌。目前正在進行募款以完成修復作業。

阿蘇市一之宮町宮地 3083-1
☎ 0967-22-0064（社務所）
社務所：9：00 ～ 17：00

西湯浦園地展望台

能一望阿蘇破火山口地形與火山群景的展望台，就位於被稱為阿蘇天空之道（也被暱稱為牛奶之路）的沿路旁。

阿蘇市西湯浦 1452
☎ 0967-22-3174（阿蘇市觀光課）

高森町

高森田樂保存會

能圍在地爐前享受高森鄉土料理「田樂」的炭火燒烤美味，品味從古流傳至今的古樸風情。從上色見熊野座神社徒步即可抵達。

阿蘇郡高森町上色見 2639　☎ 0967-62-0234
營業時間：10：00 ～ 18：00　**公休日**：無

南阿蘇村

久永屋

將南阿蘇鐵路的無人車站「長陽站」內的站務員休息室等空間做為咖啡廳來運用。選用在地食材製成的戚風蛋糕「資本蛋糕（取自戚風蛋糕諧音）」是店裡招牌，也可透過官網進行訂購。

阿蘇郡南阿蘇村大字河陽 3440-4 長陽車站站舍內
☎ 0967- 67-1107
營業時間：11：00 ～ 18：00
公休日：星期一～星期五（六、日、例假日限定營業）

踏上歸途的旅人

過去為了電影拍攝作業等工作需求，曾來過熊本好幾趟，但是透過這次的旅行，我感覺到自己又有了更多新的體會。特別是我從未如此深切感受到，熊本城對於當地人而言是多麼重要的存在。另外像是阿蘇神社的樓門，這些古蹟的倒塌所帶來的衝擊，彷彿讓他們心靈深處的寄託也隨之崩壞。雖然外人難以切身體會這樣的傷痛，不過從當地人身上強烈感受他們對家鄉的愛，令我胸口一陣滾燙。老實說，這種實際存在的心靈寄託，也是我這次得到的新發現。這讓我開始思考，換做是我，也擁有類似的精神象徵嗎？這樣一想，旅程的起點會落在長崎次郎書店這件事，也像是命運早已安排好一樣。尤其是最初參觀的那片將熊本城意象化而成的留言牆，現在回想起來，正代表了熊本城在當地人心中的份量有多重。

那麼至今為止，我對於熊本城那些歷史悠久的名勝古蹟所具有的重要性，也許僅止於字面上的理解而已。「重視傳統」、「珍惜古物」這些口號隨時都在耳邊提醒著自己，然而過去的我也許只懂得點頭附和，卻沒有深入思考。這趟旅程讓我切實明白其中的理由所在，深刻感受到必須用自己雙手去保護並延續的使命感。包含川尻菜刀在內，像那般耿直的製物文化，我衷心希望能繼續傳承下去。

另外，在與選擇移居熊本的新住民面對面之後，我從他們身上也感受到了未來的可能性。其實我在這趟旅程出發前原本充滿擔憂的心情，一方面也是因為震災的緣故。但是實際見到大家勇敢向前的模樣，反而讓我獲得了救贖。正因為如此，所以我希望各位看完本書的讀者朋友，務必親自到熊本走走。我在這趟旅程中也一飽了口福。無論怎麼說，熊本都是一塊美食的寶地。九州地區原本給人的印象就是「好吃的東西很多」，不過這次嘗到的赤牛肉、田樂餐廳的櫻鱒等料理，能在當地享用在地孕育出的美味，是一種無可取代的幸福。當然，那股滋味是無法在東京體驗的。即使能找到相同的料理，也無法找到相同的環境。這也是為什麼我希望大家能親自走一趟熊本的理由。每一幅山景、田景或是海景在眼前展開，那種身處自然中的感動果然完全不一樣，難以光靠照片來傳達。這次所到之處各有不同的美好體驗，希望各位以本書中所介紹的景點為起點，親身去品味一次。若能在旅程中發現未曾見過的景色，那就更好了。

佐藤健

生活休閒

佐藤健訪熊本

（原名：るろうにほん熊本へ）

作者／佐藤健　譯者／蔡孟婷
副總經理／陳君平　副理／洪琇菁
國際版權／黃令歡・李子琪
執行編輯／張仙驪　美術編輯／方品舒

發行人／黃鎮隆
法律顧問／王子文律師 元禾法律事務所 台北市羅斯福路三段37號15樓
出版／城邦文化事業股份有限公司 尖端出版
台北市中山區民生東路二段141號10樓
電話：（02）2500-7600 傳真：（02）2500-1974
E-mail：4th_department@mail2.spp.com.tw
發行／英屬蓋曼群島商家庭傳媒股份有限公司
城邦分公司 尖端出版
台北市中山區民生東路二段141號10樓
電話：（02）2500-7600 傳真：（02）2500-1974
讀者服務信箱E-mail：marketing@spp.com.tw
北中部經銷／楨彥有限公司
Tel:(02)8919-3369 Fax:(02)8914-5524
雲嘉經銷／智豐圖書股份有限公司 嘉義公司
Tel:(05)233-3852 Fax:(05)233-3863
南部經銷／智豐圖書股份有限公司 高雄公司
Tel:(07)373-0079 Fax:(07)373-0087

2018年9月1版1刷
2020年7月1版3刷

■台灣中文版■

郵購注意事項：
1.填妥劃撥單資料：帳號：50003021號　戶名：英屬蓋曼群島商家庭傳媒（股）公司城邦分公司。 2.通信欄內註明訂購書名與冊數。3.劃撥金額低於500元，請加附掛號郵資50元。如劃撥日起 10～14日，仍未收到書時，請洽劃撥組。劃撥專線TEL：（03）312-4212・FAX：（03）322-4621。